APRENDIZAGENS DECOLONIAIS

cartas de mulheres encarceradas
sob a ótica do movimento negro educador

Elaine Barbosa

PALLAS

EDITORAS
Cristina Fernandes Warth
Mariana Warth

COORDENAÇÃO EDITORIAL E CAPA
Daniel Viana

ASSISTENTE EDITORIAL
Joelma Santos

PREPARAÇÃO
Ana Laura Vedana

REVISÃO
Ana Clara Werneck; Joelma Santos

Este livro segue as novas regras do Acordo Ortográfico da Língua Portuguesa.

DADOS INTERNACIONAIS DE CATALOGAÇÃO NA PUBLICAÇÃO (CIP)
(CÂMARA BRASILEIRA DO LIVRO, SP, BRASIL)

Barbosa, Elaine
Aprendizagens decoloniais : cartas de mulheres encarceradas sob a ótica do movimento negro educador / Elaine Barbosa. -- Rio de Janeiro : Pallas Editora, 2025.

Bibliografia.
ISBN 978-65-5602-178-2

1. Direitos humanos 2. Interdisciplinaridade 3. Mulheres prisioneiras 4. Mulheres - Aspectos sociais 5. Racismo I. Título.

25-280933 CDD-365

Índices para catálogo sistemático:
1. Prisioneiras : Direitos : Problemas sociais 365
Eliete Marques da Silva - Bibliotecária - CRB-8/9380

PALLAS EDITORA E DISTRIBUIDORA LTDA.
Rua Frederico de Albuquerque, 56 — Higienópolis
CEP 21050-840 — Rio de Janeiro — RJ
Tel.: 21 2270-0186
www.pallaseditora.com.br | pallas@pallaseditora.com.br

A todos os agentes sociais que lutam contra
a opressão racial e discriminações correlatas.
Juntos resistiremos!

SUMÁRIO

EM MEMÓRIA

Agradeço imensamente ao querido amigo José Carlos Brasileiro, que, apesar de não estar mais fisicamente entre nós, sempre esteve presente na minha trajetória como militante e intelectual nas lutas antirracistas. Com seu senso de humor único, ele me ensinou a perseverar nos momentos de dificuldade e a seguir esperançosa, e me revelou também a importância da luta pelos povos marginalizados. Brasileiro permanecerá na memória da construção da história em prol da população carcerária brasileira. Foi um grande privilégio tê-lo como mentor, e minha trajetória de vida como ativista ficará marcada para sempre e seguirá (res)significada pelos saberes apreendidos em nossa construção mútua.

Agradeço, também, ao querido amigo professor Wilson Prudente, que foi procurador do Ministério Público do Trabalho, militante do Movimento Negro, e faleceu repentinamente, deixando um legado imensurável de contribuições em defesa das lutas antirracistas para os povos da diáspora africana. Suas palavras de incentivo para que eu adentrasse o espaço acadêmico foram decisivas para a construção da pesquisa que fez nascer este livro. Ele me ensinou que nós negros precisamos lutar pela liberdade de almejar e alcançar o que quisermos. Foi uma honra compartilhar conhecimentos enquanto estivemos juntos na militância, no desenvolvimento de projetos e no convívio junto aos nossos familiares.

AGRADECIMENTOS

Agradeço às pessoas que, nos dois anos intensos desta pesquisa, inspiraram, direta ou indiretamente, a escrita e as reflexões da dissertação que agora se torna livro. Na caminhada, foram muitas as redes mútuas de apoio de que tive o privilégio de participar. Portanto, estou correndo o risco de não citar todas e todos que participaram do processo — peço desculpas, mas registro que este trabalho é fruto de nossas interlocuções.

Agradeço ao meu companheiro de vida e de luta, Eduardo Prestes, que sempre esteve ao meu lado desde o início do trabalho, por suas palavras de incentivo, que me ajudaram a aliviar a tensão nos momentos difíceis.

À minha filha, Iara, que ainda se encontrava no ventre materno, mas já impactava positivamente minha vida, mostrando que sua presença é a esperança de que preciso para seguir em frente. Entre seus diversos movimentos/remelexos e no pulsar de seu pequeno coração, ela já me ensinava a dosar os limites da vida e mostrava que desistir não faz parte do lema de nossa família.

À minha mãe, Ivone Barbosa, pelos ensinamentos de vida e por ser um exemplo de mulher guerreira, aceitando o desafio de ser mãe solteira. Mulher simples, ela carrega consigo um mundo de ternura e amor por suas filhas.

À minha irmã, Aline Barbosa, que chegou para abrilhantar minha vida quando eu já era adolescente e hoje me ensina a reeducar meus sentidos para compreender e aceitar o diferente. Obrigada por me aproximar de nossas ancestralidades e por ter me tornado madrinha de Erlan e tia de Kerlys.

A todas as minhas tias, que sempre fizeram parte da minha vida, pois sem elas talvez eu não tivesse chegado até este momento — em especial às tias Deise Barbosa e Denise Barbosa, meus pilares de sustentação.

Ao meu primo/irmão, Luiz Barbosa, que constantemente me incentivou e apoiou na minha jornada de vida, mostrando ser possível transpor as barreiras que nos são impostas.

À minha sogra, Rosa Ribeiro, e ao meu sogro, João Massena, que sempre me apoiaram na caminhada. À avó Ecila Massena, que desde o início me acolheu como neta e vibrou por cada conquista alcançada.

À professora e amiga Cláudia Miranda, pela orientação e pelas possibilidades que me apresentou desde o início desta pesquisa, fazendo-me apreender conhecimentos outros, com o olhar sempre voltado para nossa origem afrodescendente na diáspora.

Agradeço imensamente pela solidariedade da professora Vanda Ferreira, que esteve junto comigo durante toda a construção da pesquisa. Tanto como mentora quanto como amiga e mãe, ela sempre me acalmou nos momentos de conflito. Foram dois anos intensos de aprendizados que jamais serão esquecidos.

Também agradeço a todas as mulheres negras mais velhas que me ensinam cotidianamente, em especial à madrinha Nanci Rosa e à Berenice Aguiar, sempre presentes no caminho.

Agradeço também às minhas amigas Renata Shaw, Thaís Pinhata e Giovanna Mariano, por toda ajuda e colaboração: certamente esta pesquisa foi fortalecida pelo apoio que encontrei nas palavras delas.

Aos meus companheiros do Instituto de Cultura e Consciência Negra Nelson Mandela, e a toda a rede de articulação construída a partir da assistência à população encarcerada no estado do Rio de Janeiro — em especial a todos aqueles que participaram da pesquisa, gentilmente cedendo parte do seu tempo para colaborar.

Aos meus companheiros da antiga Comissão da Igualdade Racial da OAB/RJ. Minha caminhada na luta política pela defesa dos direitos do povo negro se deu a partir dessa inserção desencadeadora da pesquisa.

A todas as mulheres que estiveram em meu entorno durante a construção da pesquisa, que, enquanto trabalhadora, tornaram o ambiente mais leve e possível de conciliar com a construção deste trabalho: Tânia Guimarães, Eliane Mello, Selma Menezes, Tereza Cristina, Maria do Carmo.

Aos companheiros do grupo de pesquisa do mestrado (PPGEdu/Unirio), que me acolheram e fortaleceram ao longo da pesquisa construída coletivamente e em uma rede de ricos conhecimentos.

À professora Luciana Boiteux, pelo carinho com que sempre olhou para meu trabalho e por me despertar para a luta feminista junto às mulheres encarceradas. Juntas somos mais fortes!

À minha companheira e colega de mestrado Rejane Costa, sempre disposta a escutar e dividir as angústias encontradas no percurso.

À professora Vanusa de Melo, a quem admiro como grande profissional que é e como militante pelo desencarceramento, por ter me ajudado na revisão desta obra.

Ao "povo das miçangas", aqueles e aquelas que compõem o grupo do WhatsApp articulado pelos colegas de mestrado: nossos momentos de troca foram essenciais para o compartilhamento de saberes.

A todos, todas e todes que, direta ou indiretamente, estiveram de mãos dadas comigo nas trincheiras das lutas.

PREFÁCIO

Eu não sou livre enquanto alguma mulher não o for, mesmo quando as correntes dela forem muito diferentes das minhas.
Audre Lorde

Com muita alegria recebi o convite, e a missão, de escrever o prefácio deste livro, de autoria da advogada Elaine Barbosa, fruto de um trabalho acadêmico sério e original, inicialmente escrito como dissertação de mestrado na pós-graduação em Educação na Unirio, de cuja banca participei. Seu trabalho merece ser lido e reflete o compromisso ético-político característico da autora, seja como jurista e pesquisadora ou como militante atuante no Instituto de Cultura e Consciência Negra Nelson Mandela (ICCNNM).

Mas o que seria um prefácio? Palavra que vem do latim, significa o que é dito antes de uma história. Portanto, é preciso dizer, desde logo, a importância da perspectiva teórica da autora, que conta as histórias de mulheres encarceradas na perspectiva da superação do colonialismo, dando destaque para a produção das oprimidas, tanto é que descreve o objeto de sua pesquisa como sendo "as cartas escritas por apenadas-escritoras".

Dessa forma, ao interpretar o ICCNNM, local para onde as cartas analisadas foram enviadas, como espaço informal de educação, e ao ver as apenadas como escritoras, a autora rompe com os paradigmas coloniais que consideram cultura e educação apenas aquilo que é produzido pelas classes dominantes e reconhecido pelo Estado. Assim, sua abordagem possibilita abrir espaço para a fala das subalternas, como diria Spivak (2010).

A pergunta colocada pela autora — "o que aprendemos com os processos de aprendizagem a partir das narrativas contidas nas cartas, escritas por presas, recebidas no ICCNNM?" — orienta suas reflexões, de forma que as cartas deixam de ser apenas objetos de pesquisa para se transformarem em espaços de fala para as mulheres (majoritariamente negras) privadas de liberdade, por meio das quais expõem suas condições, anseios e necessidades, constituindo um relato sobre a condição do encarceramento feminino em si mesmo e sobre o racismo.

É aqui que o patriarcado racista se impõe. Sabemos que as mulheres responsáveis pelo trabalho do cuidado são abandonadas quando encarceradas, recebendo, quando muito, visita apenas de outras mulheres, na maioria suas mães, aquelas que cuidam de seus filhos. Essa realidade impacta também os filhos, que são privados dos cuidados e do convívio com a mãe, passando a ser criados por avós e tias. Em geral, as mulheres encarceradas são, em sua maioria, negras, mães solo, "chefas" de família e responsáveis pelo sustento da prole, das quais cuidam sem a participação do genitor ou companheiro.

A condição de ser mulher em uma sociedade patriarcal, no caso do encarceramento, se expressa em números nítidos: na Argentina, no Brasil e na Costa Rica, mais de 60% da população carcerária feminina está privada de liberdade por delitos relacionados ao tráfico de drogas (Boiteux, 2016), ainda que sejam crimes menos graves, praticados sem violência.

Por serem mais vulnerabilizadas, elas são facilmente alcançadas pelo sistema penal seletivo em termos de classe e raça, e as mulheres privadas de liberdade ainda enfrentam o julgamento moral, por estarem se desviando do papel estabelecido socialmente para as mulheres em nossa sociedade: a subalternidade e a docilidade. Mesmo sendo mães, e a maioria o é, elas são colocadas no papel de desviantes e rejeitadas pela sociedade.

Sabemos que à opressão patriarcal se interseccionam o racismo estrutural e a opressão de classe, conformando o público identificado pelo presente estudo: sujeitas não brancas e economicamente vulneráveis, justo aquelas que têm ainda menos voz, sendo essencial este livro de Elaine Barbosa para ampliar o alcance da palavra dessas mulheres.

Sua análise das cartas nos coloca dentro dos presídios femininos, e assim vemos que as escritoras privadas de liberdade versam, para além de assuntos ligados à execução da pena, sobre buscas de notícias de familiares, sobretudo de seus filhos, bem como denunciam o tratamento que recebem, ainda pior do que aquele praticado no cárcere masculino.

Essencial conhecermos a história e as palavras dessas mulheres que lutam todos os dias por dignidade e por suas famílias, para entender que elas são sujeitas de direito e atrizes de sua própria história, sendo este o grande destaque do trabalho de Elaine Barbosa, que merece ser lido. Para que possamos, juntas, lutar pelos direitos das mulheres, contra o racismo e a desigualdade social, pelo desencarceramento e por uma nova política sobre drogas.

Luciana Boiteux é advogada, professora de Direito Penal e Criminologia da UFRJ, pesquisadora, feminista e ex-vereadora na Prefeitura do Rio de Janeiro.

APRESENTAÇÃO

As itinerâncias de pesquisa e de ativismo antirracista marcam as páginas do livro *Aprendizagens decoloniais: cartas de mulheres encarceradas sob a ótica do movimento negro educador*. Ao pensarmos os diferentes processos pelos quais somos formadas/es/os, entendemos o quanto de rigor foi necessário para a elaboração e execução de uma investigação explicitamente interdisciplinar. Caberia salientar que a interseccionalidade é um dos enfoques marcantes, o que garantiu maior capilaridade e alcance ao trabalho que hoje é uma referência para quem deseja conhecer iniciativas experimentadas na contracorrente, por diferentes coletividades dos movimentos sociais.

Ao desenvolver uma dissertação ancorada nos estudos sobre Educação para as relações étnico-raciais (Erer), Elaine Barbosa garantiu importantes análises ao incluir uma perspectiva (auto)biográfica, sendo ela uma advogada negra, com presença efetiva em projetos de intervenção na cidade do Rio de Janeiro. Notadamente, a vivência de uma intelectual observadora, com oportunidade de reconhecer as assimetrias de poder que caracterizam o Brasil como uma sociedade vítima do *ethos* da servidão, interfere nos contornos do seu trabalho. Sua presença como colaboradora do Instituto de Cultura e Consciência Negra Nelson Mandela (ICCNNM) favoreceu aprendizagens dissonantes, se tomamos como referência os limites dos currículos praticados nos cursos de Direito.

A pesquisa explora aspectos associados às relações de gênero e, consequentemente, ao sofrimento contínuo gerado pelo *modus operandi* do sistema carcerário. Importa reconhecer a relevância de uma proposta desenvolvida em um programa de pós-graduação em Educação, que, por sua vez, passa a ser convocado a rever suas linhas de pesquisa, abrindo novas frentes para garantir transversalidade temática. Não seria exagero afirmar que o livro potencializa o esforço empreendido em uma pesquisa oxigenante, tendo em vista os eixos que a definem.

Do mesmo modo, o foco nas relações étnico-raciais e criminológicas é uma das contribuições que merece relevo, sobretudo, pelo entrecruzamento que envolve direitos humanos, justiça social e ações coletivas, gestadas no âmbito das organizações do Movimento Negro (MN) do Brasil. Algumas perguntas sobre o papel do ICCNNM no cenário prisional e sobre as possíveis aprendizagens em redes colaborativas formadas nessa organização orientaram as análises do acervo privilegiado. Os resultados incluem a situação de mulheres privadas de liberdade no estado do Rio de Janeiro e as possíveis traduções das narrativas contidas nas cartas elaboradas e enviadas ao ICCNNM.

O enfoque interseccional é o pano de fundo, na medida em que favorece amplas chaves analíticas para pensarmos metodologias e abordagens descolonizadoras em estudos sobre populações colocadas à margem, como é o caso das autoras das cartas recebidas pela equipe interdisciplinar. Aprendizagens decoloniais estão no centro de suas apreensões ao revisitar os casos jurídicos e as demandas apontadas com as narrativas que apresentam pedidos de apoios múltiplos. Em linhas mais gerais, entende-se que essa forma de comunicação compõe um conjunto de textos elaborados em diferentes períodos da vida em privação de liberdade e refletem as apostas que fizeram na rede de interlocução estabelecida.

Reconhecemos uma abordagem que coloca no centro uma instituição da sociedade civil que se tornou um espaço de formação e de testemunho sobre o que pode o Movimento Negro educador, no sentido dado por Nilma Lino Gomes. Observamos como o desenho elaborado revela um entrecruzamento provocado justamente pelas performatividades de intelectuais-ativistas, envolvidas/es/os em mudanças de rota em um contexto árido, alinhado com a colonialidade do poder e do ser.

A ambiência de pesquisa incluiu uma organização criada por intelectuais do Movimento Negro com mais de 30 anos de trabalho, apoiando populações em privação de liberdade, e analisa como essa proposta se consolidou, garantindo assistência jurídica e socioeducacional, em diálogo com outras instâncias interessadas na promoção de equidade. Ao mesmo tempo, pode-se observar uma linha de intervenção efetiva iniciada com os conhecimentos e saberes advindos da luta pelo direito a pertencer à sociedade. Com um grupo expressivo, que incluiu José Carlos Brasileiro e Vanda Ferreira, Elaine Barbosa se mobilizou para rastrear uma vasta documentação e elaborar um acervo, visando analisar parte das cartas recebidas pela equipe.

Profissional atuante no campo do Direito, a autora posiciona-se estrategicamente no campo da Educação e expande concepções fundamentais sobre os impactos das tecnologias criadas por ativistas responsáveis pela insurgência de "outras educações". Nessa pegada insurgente, ousa pelo amplo recorte de um estudo revelador das diferentes camadas nas quais o Estado fica exposto por adiar direitos sociojurídicos e por não considerar orientações das coletividades, como a formada pelo ICCNNM.

Com esse formato, a pesquisa alcança temários como a mudança de representações sobre direitos sociais e sobre a agenda por maior visibilidade das demandas de populações que dependem de boas práticas na gestão pública. Uma palavra que pode ajudar a entendermos o trabalho aqui apresentado é "gestação". Isso porque Elaine Barbosa é uma pesquisadora curiosa, inspirada por uma confraria de mulheres responsáveis pela sua formação em família. Já na vida pública, foram mulheres e homens griôs como José Carlos Brasileiro, Nanci Rosa, Vanda Ferreira, Wilson Prudente e Conceição Evaristo — entre outras pessoas influentes na trajetória das novas gerações de intelectuais negras/es/os — que catapultaram suas percepções acerca dos caminhos de desobediência.

O trabalho em redes dialógicas foi desenvolvido em uma instituição inspirada nas tecnologias comunitárias do Movimento Negro, e as urgências sociais das/os presas/os, em geral, influenciaram a movimentação feita para que pudéssemos ampliar as fontes de pesquisa em áreas diversas. O ganho a ser ressaltado com a publicação dos dados de uma pesquisa com o status de ser interdisciplinar é que a obra se torna mais uma fonte para subsidiar outros grupos engajados nos estudos sobre propostas descolonizadoras em campos como Direito, Educação, Ciência Política, Sociologia e Antropologia.

Claudia Miranda

INTRODUÇÃO

> *[...] mas presos são quase todos pretos / ou quase pretos, ou quase brancos, quase pretos de tão pobres / e pobres são como podres / e todos sabem como se tratam os pretos.*
>
> **Caetano Veloso e Gilberto Gil**

A citação anterior faz ecoar muitos sentimentos nascidos do contato com grupos empobrecidos. É um trecho da música "Haiti", composta por Caetano Veloso e Gilberto Gil, que reflete sobre os problemas sociais e raciais existentes no Brasil e sua vinculação ao problema carcerário, indicando ainda que esse é um problema cada vez mais visível em nossa sociedade. A epígrafe está em destaque também no livro *Cor e criminalidade: estudo e análise da justiça do Rio de Janeiro* (Ribeiro, 1995), que despertou meu interesse à época da graduação em Direito em função da abordagem relacionada ao tema da discriminação racial e às diversas exclusões vivenciadas por sujeitos distanciados de seus direitos, principalmente as/os encarceradas/os.

Neste estudo, analiso o potencial de conhecimentos e saberes gerados a partir do trabalho com segmentos das diversas esferas que compõem o sistema carcerário, com o objetivo de entender de que modo essas relações geram autoria de conhecimentos historicamente invisibilizados. Para tanto, optei por uma abordagem qualitativa, visando à compreensão dos dados apresentados ao longo da pesquisa, tomando como base as cartas escritas por apenadas-escritoras que estiveram presas no sistema carcerário do estado do Rio de Janeiro, e os depoimentos das/os sujeitas/os privilegiadas/os como interlocutoras/es dessas cartas, que são os profissionais do Instituto de Cultura e Consciência Negra Nelson Mandela (ICCNNM), responsáveis por respondê-las, conforme detalhado adiante. De acordo com Lüdke e André (2012, p. 11): "A pesquisa qualitativa supõe o contato direto e prolongado do pesquisador com o ambiente e a situação que está sendo investigada, via de regra através do trabalho intensivo de campo".

Um dos aspectos relevantes do trabalho foi, por um lado, a investigação dos registros das ações desempenhadas pelos segmentos produtores/

construtores de saberes que permeiam o ambiente do ICCNNM. Por outro, um segundo aspecto relevante foi a interlocução presente no ir e vir das cartas escritas/respondidas pelos profissionais voluntários do Instituto. A articulação entre as redes que interagem com as práticas que dialogam com o sistema prisional, por sua vez, é potencializada por experiências inspiradas na luta de outros coletivos do Movimento Negro e privilegia, ao meu ver, a localização de processos em que saberes outros foram acionados — saberes inerentes aos grupos de sujeitas/os encarceradas/os, indicadores de pistas sobre o olhar para o mundo a partir dos segmentos silenciados.

O interesse por essa temática surgiu a partir da minha inserção em fóruns de reflexão sobre relações raciais e do meu entendimento do quanto é urgente para o espaço acadêmico a abrangência de narrativas contidas nas cartas em análise. O estudo parte do ICCNNM e das/os agentes que nele atuam, na perspectiva de movimentos que se entrelaçam e tecem pedagogias outras, provocando processos de aprendizagens alternativas. Convém ressaltar que o ICCNNM vem construindo, ao longo dos últimos 31 anos, um histórico de luta pelos direitos sociais da população em privação de liberdade no estado do Rio de Janeiro e vem atuando a partir de atividades que envolvem assistência jurídica, social e educacional, com o propósito de diminuir a violência e fomentar a busca da equidade.

Minha atuação como advogada popular e colaboradora da referida instituição fez com que me aproximasse das cartas. Naquele espaço, deparei-me com escritos que eram semanalmente trazidos pelos correios na modalidade de "cartas sociais"[1] vindas dos complexos penitenciários.

Nesse momento, destaco minha participação como ouvinte no 21º Congresso Nacional de Advogados no Rio de Janeiro, ocorrido no segundo semestre de 2014, que ressignificou a minha trajetória de atuação profissional e política. Percebi a diminuta presença de advogados negros e a ausência de discussões que abrangessem as temáticas raciais num espaço onde se reuniam diversos profissionais da área jurídica.

1 As cartas sociais são utilizadas para correspondência por via postal mediante baixo custo. Esse serviço é usado por pessoas físicas de menor potencial econômico.

Os painéis organizados debruçavam-se sobre a abordagem "A busca de uma constituição democrática e a efetivação de direitos" como proposta de debates no evento.

No penúltimo dia do evento, observei uma aglomeração de pessoas negras em um espaço bem apertado no final de um dos longos corredores do local. Fiquei interessada em saber que ambiente era aquele e me aproximei do grupo, chegando quase ao final das falas envolventes e imponentes dos palestrantes e a tempo de conhecer um universo de militância jurídica negra desconhecido até então por mim. Foi um momento de reconhecimento e representatividade em um espaço majoritariamente branco.

Naquele espaço acontecia um evento especial pela promoção de igualdade racial com o tema "Reparação da escravidão do negro no Brasil: propostas e possibilidades", contando com a presença de desembargadores, juízes, advogados e ministros de governo negros, todos com a pretensão de aprovar a Comissão Nacional da Verdade da Escravidão Negra no Brasil. Assim, por deliberação da maioria dos presentes, foi criada a comissão e obtida autorização para criação de Comissões Estaduais da Verdade da Escravidão Negra no Brasil, de que fiz parte como integrante da sociedade civil entre os anos 2015 e 2016, representando o estado do Rio de Janeiro.

Logo em seguida, comecei a participar de reuniões e debates sobre a temática. Então, fui convidada a participar da Comissão de Igualdade Racial da Ordem dos Advogados do Brasil, no Rio de Janeiro. Senti-me instigada a conhecer mais a temática, que envolvia a discussão racial no Brasil e no mundo. Sem dúvida, a partir da atuação nesses espaços, foi inevitável o encontro com os movimentos sociais, em especial o Movimento Negro. Desse modo, aproximei-me da militância, o que ampliou minha visão coletiva de intervenção em alguns espaços.

Posteriormente cheguei ao Instituto de Cultura e Consciência Negra Nelson Mandela, convidada por seu presidente, para colaborar como advogada na assistência jurídica. Passei, então, a ter contato com os egressos penitenciários e seus familiares, desenvolvendo ações voltadas para a população encarcerada.

Em minha primeira visita ao Instituto, percebi que o espaço físico era pequeno, pouco arejado, decorado com quadros em referência a figuras emblemáticas e significativas para o Movimento Negro, tais como Nelson Mandela,[2] Malcom X,[3] Abdias Nascimento,[4] Martin Luther King[5] e outras personalidades que lutaram pela igualdade racial e pelos direitos humanos no mundo.

O livro com a biografia do fundador do Instituto — *José Carlos Brasileiro*: *rebeldia e audácia, amor e aventura, vício e redenção* — estava sobre sua mesa de trabalho, juntamente com cartas encaminhadas pelas/os presas/os. Ao folhear o livro, deparo-me com a seguinte narrativa, que descreve o panorama de desumanização relacionado ao cárcere:

> Enquanto caminhava para a cela, seguindo por aqueles velhos e sombrios corredores, nu e recendendo a creolina, senti o peso da mais brutal humilhação que pode se abater sobre um ser humano. Eu sabia que estava caminhando para um destino muito cruel, para um mundo tenebroso [...]. Cada passo me pesava, era como minha condição humana estivesse se desfazendo, num pesadelo de horror. Fui para galeria A, onde permaneci por quatro longos anos (Carvalho, 2012, p. 54).

O trecho anterior apresenta aspectos do pensamento de Brasileiro.[6] É parte das nuances do sistema penitenciário como um todo, sem distinção de gênero, idade ou religião. Conforme sua narrativa, as/os

---

2 Nelson Rolihlahla Mandela foi um advogado, líder e presidente da África do Sul de 1994 a 1999, considerado o mais importante líder da África negra.

3 Al-Hajj Malik El-Shabazz, mais conhecido como Malcolm X, foi um dos maiores defensores do nacionalismo negro nos Estados Unidos. Fundou a Organização para a Unidade Afro-Americana. Foi defensor dos direitos dos afro-americanos e conseguiu mobilizar brancos e negros na conscientização sobre os crimes cometidos contra a população afro-americana.

4 Abdias Nascimento foi um poeta, ator, escritor, dramaturgo, artista plástico, professor universitário, político e ativista dos diretos civis e humanos das populações negras no Brasil.

5 Martin Luther King Jr. foi um pastor protestante e ativista político estadunidense. Tornou-se um dos mais importantes líderes do movimento dos direitos civis dos negros nos Estados Unidos e no mundo, com uma campanha de não violência e de amor ao próximo.

6 José Carlos Brasileiro, presidente do Instituto de Cultura e Consciência Negra Nelson Mandela, militante e ativista do Movimento Negro e dos direitos humanos.

condenadas/os passam a pertencer a um mundo paralelo, ceifadas/os de sua dignidade e oprimidas/os pelo Estado que, a priori, teria um papel como garantidor e seria responsável pela manutenção do bem-estar desse segmento em conflito com a lei.

Junto com o livro sobre a mesa, estavam as cartas e, naquele momento, tive o primeiro contato com a escrita dessas/es sujeitas/os, que pode ser entendida como uma possibilidade de performance. As vozes silenciadas pelo sistema carcerário experimentam um caminho e buscam ajuda do Instituto; suas narrativas, apelos, confissões, angústias, desesperanças estão traçadas nesses documentos e deixam transparecer, para além das caligrafias, diversos outros vestígios.

A partir dessas inquietações, pude tecer caminhos para entender o campo de pesquisa sobre as relações étnico-raciais e a educação, que me orientaram para o espaço acadêmico. No Grupo de Estudos e Pesquisas Formação de Professoras/es, Currículo(s), Interculturalidade e Pedagogias Decoloniais (GFPPD), na Universidade Federal do Estado do Rio de Janeiro (Unirio), pude começar a dialogar com estudos transversais das ciências sociais e da educação, com o pensamento decolonial e as teorias pós-coloniais. Percebi que poderia potencializá-los com aportes interdisciplinares, considerando as áreas.

Esse movimento se alinha aos movimentos pedagógicos emancipatórios, que questionam a subalternização e proporcionam maneiras diferenciadas para pensar processos educacionais em distintos contextos. Dessa forma, inspiram ações que dialogam com as diferenças, como afirma Catherine Walsh (2009).

A interculturalidade crítica e a decolonialidade são chaves analíticas e favorecem abordagens potentes para o problema central aqui tratado. Ao considerar as urgências sociais de sujeitas escritoras em privação de liberdade, objetivo entender aspectos das narrativas produzidas por elas em cartas enviadas ao Instituto com a finalidade de solicitar apoio jurídico e social. Sob essa mesma orientação, reconhecer os constructos da base desse ir e vir discursivo foi uma opção analítica. Trabalho com a valorização de múltiplas formas de aprendizado no vínculo alcançado com o Movimento Negro e com suas organizações.

Interpreto o Instituto, aqui, como um espaço não formal de educação. Realizei uma análise acerca das possibilidades da existência de saberes e conhecimentos outros que favorecem mudanças em termos das representações sociais de sujeitas femininas que, segundo Gayatri Spivak (2010), são "subalternas sem voz". Assim, destaquei aspectos relativos às vivências da população feminina e especificidades dessa presença em um contexto de extrema negação de si e, consequentemente, de opressão. Parti de uma abordagem metodológica em que a análise documental emergiu como um caminho de construção dos dados alcançados.

Na primeira vez que presenciei a chegada das cartas ao ICCNNM, analisei detalhes que iam além do conteúdo escrito. Eram as "cartas sociais", escritos de pessoas em privação de liberdade no sistema penitenciário do Rio de Janeiro, correspondências formais envelopadas, escritas à mão, datadas, identificadas com o nome do correspondente e com a informação de sua respectiva penitenciária, ou seja, o local de sua "moradia" naquele momento. Com essas características mapeadas, tive a sensação de que estava diante de um acervo de vidas, analisado como um conjunto de narrativas particulares oriundas de um contexto de privação de liberdade e submetidas às sanções do Estado.

Diante disso, interessei-me por saber por que escreviam para o Instituto Nelson Mandela e por quem essas cartas eram respondidas, bem como do que se tratavam os escritos e como funcionava a construção dialógica. Ao conversar com o presidente do Instituto, José Carlos Brasileiro, soube que as cartas eram respondidas por ele e também por colaboradoras/es voluntárias/os. Em nossa primeira conversa, um aspecto foi decisivo na percepção sobre o ir e vir das cartas: havia um esforço de manter o comprometimento com as famílias, inclusive desse contingente de detentas/os; um empenho para garantir encaminhamentos e respostas às causas abraçadas pelo Instituto.

Inicialmente, ler e responder algumas correspondências revelou um caminho investigativo. Com os casos jurídicos vinham outras demandas tão importantes quanto os problemas anunciados como nossos à equipe envolvida. As cartas veiculavam clamores por liberdade, denunciavam violação de direitos e mostravam um dia a dia dentro do confinamento prisional marcado por tensões e perigos de vida. Nessa dinâmica, pude observar a atuação das/os agentes do ICCNNM e a rede de parceiras/os externas/os, que funcionava em favor das demandas presentes nas correspondências.

A partir daí, vislumbrei possíveis fios que pudessem compor parte das ações do Instituto. Foi imperativo considerar saberes para além dos conhecimentos jurídicos e, assim, foi importante analisar as estratégias de cooperação garantidas entre o ICCNNM e o sistema prisional, levando em conta a comunicação das/os agentes sociais. Essas problemáticas geraram formulações para a pesquisa, sendo possível considerar algumas indagações sobre as distintas demandas da população encarcerada e notar como se aprende nas ações desenvolvidas cotidianamente em ambas as esferas. Em outros termos, a observação do trabalho da equipe gerou algumas hipóteses sobre a concepção ética das instituições do Movimento Negro. Ao me deparar com os primeiros delineamentos sobre a fundação do Instituto, percebi suas estratégias de atuação.

Brasileiro, ao escrever uma carta para a Fundação Cultural Palmares, não tinha expectativa de criar um Movimento Negro dentro da prisão. A correspondência foi endereçada a Luther,[7] presidente da Fundação à época, quando estavam no auge as atividades pela promoção do antirracismo. Em entrevista, Luther indicou a proposta revolucionária que poderia se construir dentro do espaço carcerário, que, na sua visão, estava marcado pela contenção da população negra:

> No meu entendimento, ou seja, Brasileiro, ou seja, Instituto Nelson Mandela, esses dois vetores me deram muito mais oportunidade de contribuir do que eu. Quando eu recebi uma carta do Brasileiro explicando a situação do presídio, era mais uma carta de cumprimento por ter visto um negro num programa famoso do que reivindicatória. Essa expressão de dor do apenado estava subjacente nos escritos dele, foi isso que me chamou mais

7 Nome fictício.

> atenção. Depois, eu escrevi uma carta e procurei um companheiro do movimento negro aqui no RJ, José Carvalho,[8] que fosse fazer uma visita ao presídio, e daí desencadeou uma ação (Luther, 2017).

Além de presidir a Fundação Cultural Palmares, Luther era ativista e já vinha desenvolvendo ações em prol da luta antirracista no Brasil:

> A gente que trabalha com os Direitos Humanos e sabe que tem vários focos de abordagens e trabalha dando ênfase na recuperação do racismo. Esse foco para a superação do racismo, esse foco de justiça para a comunidade negra, ele também deve se voltar para o Sistema Prisional (Luther, 2017).

Entendo que José Carlos Brasileiro, quando escreveu a carta para uma liderança negra, utilizou-se taticamente dos meios disponíveis a seu favor para criar uma oportunidade que gerasse uma ação, mesmo na sua condição de fraqueza diante do sistema prisional.

8 Nome fictício.

HIPÓTESES, QUESTÕES E OBJETIVOS DA PESQUISA

Fazer uma pesquisa sobre mulheres, visibilizando suas narrativas, foi uma opção alinhada com a luta política e transgressora das mulheres negras; assim, essa decisão se apoia em teorias feministas, decoloniais e pós-coloniais, como a da intelectual indiana Gayatri Spivak, conforme mostra o prefácio de Almeida (2010, p. 15):

> É, principalmente, à mulher intelectual que seu apelo final se dirige — a ela caberá a tarefa de criar espaços e condições de autorrepresentação e de questionar os limites representacionais, bem como seu próprio lugar de enunciação e sua cumplicidade no trabalho intelectual.

Esse trecho orientou as opções e o mapeamento inicial da questão carcerária feminina. Não obstante, se relaciona com a minha própria trajetória de vida. Sou uma mulher negra, carrego experiências de superação e vi de perto exemplos de (re)existência feminina. As barreiras impostas pelo *racismo à brasileira*[9] e pelas marcas do patriarcado indicam cotidianamente o lugar reservado às mulheres. Diante dos aportes apreendidos, tenho como tarefa intelectual enfrentar uma pluralidade de estratégias para fomentar processos de resistência e participar da recriação de espaços nos quais a subalterna possa ter experiências de deslocamento.

Desde os primeiros contatos com o campo, defronto-me com a hipótese que indica haver evidências de que as ações do ICCNNM — que emergiu ideologicamente a partir do Movimento Negro, desenvolvendo um trabalho comunicativo através das cartas recebidas dos presídios femininos — vão além de meras respostas jurídicas. Assim, a dialogia se constitui em aprendizagens para aquelas/es que interagem nesse processo. Refiro-me a um segmento composto por mulheres e por

9 A expressão dá título a livro de Edward Telles (2003), no qual o autor discute aspectos específicos do racismo percebido no Brasil, especialmente no que diz respeito ao mito da democracia racial.

homens, na sua maioria negros, com um histórico de ativismo negro. Do outro lado, estão jovens pobres e pouco escolarizadas. São essas narrativas que privilegiam propostas decoloniais[10] de aprendizagem.

Tendo em vista essas hipóteses, eu me propus a realizar alguns questionamentos, que me desafiaram à pesquisa cuja questão principal é: o que aprendemos com os processos de aprendizagem a partir das narrativas contidas nas cartas, escritas por presas, recebidas no ICCNNM?

Com a intenção investigativa, outras questões foram desenvolvidas:

- Qual a importância do ICCNNM em consonância com a identidade construída a partir do Movimento Negro no cenário prisional?
- É possível propor pedagogias outras com a população de mulheres encarceradas a partir das experiências do ICCNNM?
- O que — e como — as cartas de mulheres presas nos ensinam e qual sua importância no espaço acadêmico no contexto decolonial?

Todas essas premissas são importantes ao enunciar a pesquisa, pois instigaram o caminhar rumo ao desenvolvimento das perguntas voltadas para a área educacional, em busca de um melhor entendimento sobre as narrativas que envolvem as ações do ICCNNM.

O objetivo geral da pesquisa, como apontado anteriormente, foi analisar tensões e desafios que permeiam o processo de aprendizagem desenvolvido em um espaço de educação não formal — o ICCNNM — a partir de determinadas categorias analíticas identificadas nas cartas, que refletem as percepções das presas sobre suas urgências dentro do espaço prisional, em diálogo com os depoimentos dos sujeitos participantes do processo.

Os objetivos específicos podem ser desdobrados da seguinte forma:

---

10 Considerando o diálogo com a intelectual pós-colonial Catherine Walsh, que propõe que "[...] a interculturalidade crítica como ferramenta pedagógica que questiona continuamente a racialização, subalternização, inferiorização, e seus padrões de poder, visibiliza maneiras diferentes de ser, viver e saber e busca o desenvolvimento e criação de compreensões e condições que não só articulam e fazem dialogar as diferenças num marco de legitimidade, dignidade, igualdade, equidade e respeito, mas que — ao mesmo tempo — alentam a criação de modos 'outros' [...]" (Walsh, 2009, p. 25).

- Entender a interação dialógica entre as/os agentes que atuam no ICCNNM e as cartas de mulheres encarceradas a partir da perspectiva das pedagogias decoloniais.
- Evidenciar a potência das narrativas escritas pelas detentas/escritoras como documentos que ensinam e reeducam o olhar do outro, impulsionando o processo de ensino-aprendizagem no espaço não escolar.
- Pesquisar como as construções pedagógicas transcorrem nesse campo de tensão entre os saberes que emergem de sujeitas subalternizadas e a lógica opressora do sistema penitenciário brasileiro.
- Potencializar a escrita feminina, pretendendo indicar como aprendemos a partir de uma perspectiva outra, e sua importância no espaço acadêmico.

A tarefa do intelectual pós-colonial deve ser criar espaços por meio dos quais a sujeita subalterna possa falar (Spivak, 2010), para que, quando ela o faça, possa ser ouvida. No entanto, não há a pretensão de falar pela subalterna, mas sim trabalhar contra a subalternidade, criando espaços nos quais ela possa se articular e, como consequência, também ser ouvida. Para tal, em função da minha forte e constante imersão no contexto investigado, a opção metodológica foi a pesquisa qualitativa, a partir do levantamento e da análise dos aportes bibliográficos e documentais, bem como de entrevistas, privilegiando o método da história oral.

Algumas percepções surgiram à medida que me aproximei do teor das cartas, de forma que optei por privilegiar as narrativas que pudessem contribuir para a compreensão do processo de aprendizagem, em diálogo com os aportes da pedagogia decolonial.

Em um primeiro momento, me aproximo das narrativas que nos informam saberes outros sobre o sistema carcerário feminino, na perspectiva de aprender com as mulheres escritoras que narram violações aos direitos humanos, trazem problematizações em relação à educação e falam da existência da mulher para o sistema carcerário, da solidão, da solidariedade e da gratidão. Esse conjunto constitui um fio de análise definido como importante.

Em um segundo momento, me aproximo das breves trajetórias de vida das mulheres escritoras, explicitando o que elas nos ensinam com suas trajetórias marcadas pela tríade tráfico, pobreza e homens; destaco, então, as trajetórias marcadas pelo controle a partir de suas estruturas familiares e as trajetórias das mulheres encarceradas grávidas.

A partir dos depoimentos das/os colaboradoras/es/profissionais do Instituto Nelson Mandela e demais participantes desta pesquisa, busquei informações relevantes para compreender seu processo de aprendizagem a partir do olhar das/os sujeitas/os colaboradoras/es no processo dialógico com as cartas e com o ambiente do Instituto Nelson Mandela. Para tanto, optei por abordar aqui suas percepções sobre: o sistema carcerário; as cartas; e seus aprendizados umas/uns com as/os outras/os nesse processo interativo. Não pretendi desenvolver um estudo sobre o feminismo e seus aportes, mas esse é o posicionamento político adotado.

Este livro está dividido em três capítulos. No primeiro, analiso os marcos normativos a partir da discussão teórico-metodológica que subsidiará a pesquisa, buscando compreender aspectos relacionados ao controle social exercido sobre a mulher encarcerada, em diálogo com a crítica pós-colonial e decolonial, indicando os caminhos percorridos para a realização da pesquisa.

No segundo capítulo, apresento o Instituto Nelson Mandela, desde sua fundação, por meio de um breve histórico, evidenciando o comprometimento com a causa das/os sujeitas/os encarceradas/os a partir de dados documentais e entrevistas com suas/seus fundadoras/es e colaboradoras/es, visibilizando a importância desse processo e das/os sujeitas/os como produtoras/es de conhecimentos.

Pretendo, portanto, desvelar quem são as mulheres escritoras participantes da pesquisa, a partir do breve histórico sobre a figura da mulher privada de liberdade no estado do Rio de Janeiro e das narrativas das cartas no contexto da população prisional, com base nos dados estatísticos oficiais.

No terceiro e último capítulo, analiso as narrativas das mulheres encarceradas escritoras. Em consonância com as categorias de análise, pretendo mostrar o processo de aprendizagem possível no espaço do ICCNNM.

ABORDAGEM METODOLÓGICA

Ao refletir sobre possíveis caminhos que poderiam permear esta pesquisa na área da educação, deparei-me com os delineamentos metodológicos necessários para este fim: a análise documental e a análise de narrativas escritas em cartas e entrevistas foram aportes fundamentais para a construção dos dados da pesquisa.

Trazer a trajetória de uma instituição que se constituiu pela urgência das pautas alinhadas aos movimentos sociais, em especial o Movimento Negro, contribui com as agendas políticas de resistência dos povos afrodescendentes, visibilizando experiências outras no campo da educação. Portanto, esforcei-me na tentativa de não "[...] constituir o outro e o subalterno apenas como objetos de conhecimento [...]" (Almeida, 2010, p. 12-13), mas sim de assumir o compromisso político-intelectual de criar espaços de fala para as sujeitas que irão compor a pesquisa — em sua grande maioria mulheres subalternizadas, consideradas ocupantes do terceiro mundo (Spivak, 2010) e associadas às "[...] camadas mais baixas da sociedade constituídas pelos modos específicos de exclusão dos mercados, da representação política e legal, e da possibilidade de se tornarem membros plenos no estrato social dominante" (Spivak, 2000, apud Almeida, 2010, p. 12). É pensando na produção de outros saberes científicos e assumindo a responsabilidade intelectual de apresentar propostas que se aproximem das realidades culturais latino-americanas que pretendo caminhar.

HISTÓRIA ORAL

A abordagem focada na história oral pode indicar outros aportes para além dos dados construídos com a análise documental. Assim, as narrativas das/os sujeitas/os que compõem os estudos nas áreas das ciências sociais sugerem uma reorganização para que pesquisadoras/es possam pensar o *locus* de pesquisa.

Desse modo, ao considerar a experiência do trabalho desenvolvido numa instituição que funciona com base nas urgências sociais das/os presas/os, e por entender a complexidade desse espaço, considerei a história oral como metodologia para subsidiar a investigação diante da atuação daquelas/es que apoiaram o desenvolvimento das ações do Instituto Nelson Mandela. Os profissionais voluntários impulsionaram processos formativos multidisciplinares para lidar com as expectativas das pessoas envolvidas com o aprisionamento. O acolhimento, a escuta atenta e o olhar não discriminatório àquelas/es que solicitaram algum tipo de ajuda ao Instituto faziam parte do cotidiano insurgente daquele espaço. Para elucidar o direcionamento da abordagem que inclui a história oral, Verena Alberti (2004a, p. 14) indica:

> [...] há nela uma vivacidade, um tom especial, característico de documentos pessoais. É da experiência de um sujeito que se trata; sua narrativa acaba colorindo o passado com um valor que nos é caro: aquele que faz do homem um indivíduo único e singular em nossa história, um sujeito que efetivamente viveu — e, por isso dá vida — as conjunturas e estruturas que de outro modo parecem tão distantes. E ouvindo-o falar, temos a sensação de [...] que as descontinuidades são abolidas e recheadas com ingredientes pessoais: emoções, reações, observações, idiossincrasias, relatos pitorescos.

Com as falas registradas, busquei compreender aspectos presentes nas trajetórias daquelas interlocutoras. O objetivo foi a busca pelos padrões de socialização, em consonância com Alberti (2004a, p. 25), que considera que:

> Entrevistas de história oral podem ser usadas no estudo da forma como pessoas ou grupos efetuaram e elaboraram experiências, incluindo situações de aprendizado e decisões estratégicas. Essa noção [...] aparece em combinação com a ideia de mudança de perspectiva.

É importante elucidar que as escolhas para a construção deste trabalho são tratadas concomitantemente com a definição da metodologia. A escolha das/os interlocutoras/es parte do princípio da potencialidade das narrativas que podem vir a colaborar com a pesquisa:

> O ideal seria poder escolher entrevistados dispostos a revelar sua experiência em diálogo franco e aberto e que, de sua posição no grupo ou em relação ao tema pesquisado, fossem capazes de fornecer, além de informações substantivas e versões particularizadas, uma visão de conjunto a respeito do universo estudado (Alberti, 2004b, p. 34).

Considerando o fragmento anterior, tendo determinado como primeiros interlocutores os fundadores do Instituto Nelson Mandela, ao avançar na construção da pesquisa, entrevistei as/os colaboradoras/es atuantes no Instituto. Segundo Thompson (1998, p. 337): "A história oral devolve a história às pessoas em suas próprias palavras. E, ao lhes dar um passado, ajuda-as também a caminhar para um futuro construído por elas mesmas". Assim, ao pensar nessas/es colaboradoras/es, inicialmente parti em busca das egressas que tiveram trajetórias próximas ao trabalho desempenhado pelo Instituto. Muitas delas mantiveram contato após cumprimento de pena. A partir da ajuda em rede que se estabeleceu no contato com o sistema carcerário e com o apoio às egressas, consegui acessar cinco delas. Iniciei os contatos por ligação telefônica, na tentativa de agendar encontros presenciais para a realização das entrevistas, mas, infelizmente, esses encontros não ocorreram. O processo vivenciado nesse ir e vir, na tentativa de entrar no campo, foi um divisor de águas e, com ele, ficaram evidentes as insuficiências que carregamos como pesquisadoras/es iniciantes.

Notei que, mesmo à distância, o sentimento doloroso ao retomar a memória vivida no cárcere foi um impeditivo. A voz embargada, o cuidado ao medir as palavras mencionadas, a desconfiança, os encontros desmarcados: todos esses aspectos dificultaram o início das entrevistas. Compreendi que havia ali algo próximo a uma negação do passado, e essa impossibilidade revelou o quanto é imprescindível entender as possibilidades das formulações das pesquisas já existentes sobre tal fenômeno social.

Assim, apenas uma das cinco mulheres aceitou ser entrevistada. Ela foi ao local marcado, no entanto não conseguiu expressar sua narrativa. A tensão talvez tenha sido potencializada ao rememorar suas experiências no cárcere, o que culminava num debulhar-se em lágrimas e em tristeza. Esse foi um momento de repensar meu lugar como pesquisadora e de aprender com os processos e com as sujeitas aqui privilegiadas. Então, a entrevista não foi realizada, mas a surpresa no caminho desestabilizou algumas percepções construídas anteriormente.

Foi possível gravar em áudio, e em seguida transcrever, todas as entrevistas que consegui concretizar; as realizadas com os fundadores do Instituto também foram gravadas em vídeo. As entrevistas com as/os colaboradoras/es estarão em diálogo com o capítulo desenvolvido a partir das cartas. Entre as/os colaboradoras/es, estão duas egressas do sistema penal feminino, identificadas com nomes fictícios, e outros nove colaboradores, também identificados com nomes fictícios.

É preciso mencionar que, nessa proposta de intervenção, as entrevistas foram uma forma de privilegiar a memória, de modo que os depoimentos foram considerados e se constituem como um importante instrumento para o desenvolvimento interdisciplinar desta pesquisa no campo da educação.

AS CARTAS

Desde a fundação do ICCNNM até o estabelecimento de seu espaço físico, no edifício localizado na região central da cidade do Rio de Janeiro, nos idos dos anos 1990, chegavam cartas de presidiárias/os diariamente.

No espaço do ICCNNM, há uma sala anexa onde ficam guardadas as cartas antigas, que estavam empilhadas dentro de caixotes e envelopes brancos, sem padronização catalográfica. Cartas de homens e de mulheres estavam misturadas e algumas poucas estavam separadas e identificadas por datas informadas nos envelopes. Daí foi possível separá-las para dimensionar o quantitativo que poderia ser importante para a pesquisa. Começando o trabalho braçal, contei com a ajuda de uma estudante que compunha o grupo de pesquisa do qual eu fazia parte, e também da secretária do Instituto, que gentilmente propiciou um ambiente acolhedor para o desenvolvimento da tarefa.

Pensando no lapso temporal da permanência das pessoas em privação de liberdade e de uma possível tentativa investigativa no espaço prisional com as que se comunicam com o Instituto, estudei as correspondências recebidas entre 2010 e 2016. São aproximadamente 2.322 cartas, sendo 1.269 recebidas do cárcere feminino e 1.053 vindas do masculino. Tive o cuidado de separá-las cronologicamente, e tal iniciativa revelou dados importantes de como o recebimento das cartas estava intimamente ligado ao fluxo de respostas, assim como a dinâmica de ir e vir retroalimentava determinadas ações do Instituto. Esses dados, então, foram registrados em quadros (ver Apêndices).

No decorrer das leituras, percebi a relevância de identificar de quais instituições penais partiram as cartas. As principais eram do Presídio Feminino Nelson Hungria, da Penitenciária Talavera Bruce e do Instituto Penal Oscar Stevenson, todos situados na capital do Rio de Janeiro. Havia também as que partiram de outros presídios femininos da região metropolitana do Rio de Janeiro, porém em número reduzido.

No que tange ao possível processo interacional que enseja a produção de conhecimentos com as narrativas dessas mulheres encarceradas, ao separar as cartas, vi que algumas mulheres se correspondiam frequentemente com o Instituto. A sugestão inicial de pesquisa se pautava na análise desse diálogo, na tentativa de evidenciar uma dinâmica dessa relação. Porém, como não encontrei registros suficientes das respostas a essas cartas, optei por afastar essa possibilidade.

No levantamento realizado, evidenciou-se um grande volume de cartas e, em função das condições de desenvolvimento do trabalho de uma dissertação, produzir uma interpretação desse montante não era um dos objetivos. Portanto, desenvolvi algumas categorias de análise, tendo em vista a centralidade temática das narrativas apresentadas pelas mulheres escritoras. As correspondências que apontam necessidade de intervenção emergencial são as denominadas pelos atuantes no ICCNNM como "cartas-denúncia". Encontrei as seguintes categorias em comum: reconhecimento da diferença de tratamento do gênero feminino na prisão, relação familiar enfatizando o cuidado, violação de direitos e sua restrição, e controle social que gera a desumanização.

Do montante de cartas que figuram como parte do acervo, selecionei 20, nas quais problematizaram-se as formas de denúncia e reivindicação por direitos e atenção aos problemas das internas. Cerca de 11 fragmentos de outras correspondências foram considerados como parte do acervo, para traçar um paralelo com os dados estatísticos do Infopen Mulheres[11] (Brasil, 2014b), objetivando conhecer o perfil das mulheres encarceradas no estado do Rio de Janeiro. Pensei interdisciplinarmente sobre aspectos relacionais através dessas vozes que ecoam experiências de dor, solidão, culpa, sororidade, família, todas emergindo nas entrelinhas de suas memórias e vivências estabelecidas entre os muros do sistema prisional.

Desse modo, optei por contemplar fragmentos das cartas de acordo com as categorias trabalhadas e preservar a grafia — os trechos das cartas foram transcritos para elaboração da análise. Os dados pessoais das

11 Levantamento Nacional de Informações Penitenciárias, organizado pelo Departamento Penitenciário Nacional (Depen), em que são consideradas penitenciárias que apresentam dados específicos sobre a população feminina privada de liberdade.

presas foram preservados e seus nomes foram substituídos por nomes fictícios. Estrategicamente, as cartas[12] não estão disponíveis neste livro, para manter o sigilo das referidas narrativas.

É importante mencionar que não pretendi realizar uma análise do discurso para entender as insuficiências que marcam a vida das mulheres em privação de liberdade. Aqui, importa considerar quais as aprendizagens originadas do trabalho com populações femininas do sistema carcerário. Para tanto, neste processo, o trabalho de pesquisa se tornou um desafio, já que a experiência demandou o enfrentamento de conflitos e mudanças profundas causadas pela entrada em um universo pouco explorado quando se trata de dar centralidade às narrativas das presas.

---

12 As cartas que foram analisadas nesta pesquisa estão disponíveis no acervo do Instituto de Cultura e Consciência Negra Nelson Mandela.

CAPÍTULO 1

BRASIL ENTRE RELAÇÕES RACIAIS E CRIMINOLÓGICAS

Perante a sociedade, ao mundo,
Somos o resto, o lixo.
Mas, aprendemos que no lixo encontramos preciosidades,
Só quem vive atrás das grades frias sabe o real
conflito, não só de mundos como de emoções.
Nossos primeiros grandes obstáculos é a própria convivência,
afinal cada uma de nós vem de um lugar diferente, cada uma
tem sua história, seus medos, suas saudades, seus sonhos.
Nem o profissional, por maior tempo que passe
aqui, sabe o que é realmente viver aqui.
"Prisão x liberdade", Leonilda Ramos de Freitas[13]

O trecho anterior é parte do livro *Fragmentos de vidas: manuscritos de mulheres encarceradas*, que conta a trajetória de autoras encarceradas e apresenta poesias produzidas em um concurso realizado em 2007 pelo Projeto Amendoeiras,[14] na Penitenciária Joaquim Ferreira de Souza. Citar a produção dessas mulheres é mais uma forma de referenciá-las como produtoras de conhecimentos.

É nesse sentido também que, em países da América Latina, pesquisas acadêmicas avançam na busca de outra compreensão de mundo, por meio de experiências e narrativas de seus povos. Conforme a literatura aqui privilegiada, pode-se considerar que a colonização subalterniza os grupos representados como não detentores de "saberes válidos", tornando urgente a recondução epistemológica a partir da perspectiva *decolonial*.

Para Julião (2010, p. 529), de todo modo:

---

13 Escritora/presa no presídio Joaquim Ferreira de Souza, no Rio de Janeiro, no ano de 2007, citada no livro *Fragmentos de vidas: manuscritos de mulheres encarceradas*, organizado por Sandra de Almeida Figueira em 2009.

14 O Projeto Amendoeiras foi fomentado pela Rede de Inserção Social e executado na Penitenciária Feminina Talavera Bruce. Entre diversas atividades do projeto, destaca-se a publicação do livro *Fragmentos de vidas: manuscritos de mulheres encarceradas*, que revela fragmentos revividos por mulheres presas em seus manuscritos carregados de conflitos, dramas, esperança, amor e fé.

o sistema penitenciário assenta-se sobre a punição como forma real e simbólica da solução do problema, propondo, em tese, a 'ressocialização' dos detentos, porque supõe que o 'desrespeito' às normas esteja relacionado à falta de disciplina moral para o convívio em sociedade.

Tais premissas não passam de pretensões falaciosas e anulam a subjetividade de determinados cidadãos, gradeados intencionalmente pelo sistema capitalista.

Seja no Brasil, nos Estados Unidos ou no contexto europeu, embora apresentem particularidades no que se refere ao funcionamento estrutural de cada sistema penitenciário, deve-se convir que os internos penitenciários são, em sua grande maioria, excluídos de direitos sociais relevantes, e fazem parte da estrutura punitiva cuja finalidade é controlar determinados corpos e criminalizar a pobreza.

Nesse sentido, a corrente teórica fundamentada na tese da criminologia crítica atende ao propósito de estudar o crime e seu controle, assentados nas estruturas sociais. Usando o método dialético, aponta as desigualdades econômicas e outras mazelas sociais na origem e persecução da conduta criminosa. Assim, parece correto supor que o sistema penal foi instituído socialmente com o objetivo de aprisionar determinados corpos, escamoteando a exclusão social e a ganância por poder de determinados agentes empresariais e do Estado. Conforme Wacquant (2001), em detrimento de uma política social, investe-se demasiadamente em uma política de execução penal.

A urgência na atualidade está pautada na busca por novas agendas críticas criminológicas que confrontem o sistema arcaico vigente. Segundo Salo de Carvalho (2008, p. 12):

> Paralelo ao desenvolvimento da criminologia institucional fortemente marcada pelo processo de colonização das ciências criminais pelos saberes psiquiátrico e psicológico comportamental, o discurso sobre o crime e a criminalidade realiza percursos alternativos. Nota-se, assim, que a unidade do pensamento criminológico nunca existiu, pois logo após o seu surgimento inúmeras e diferenciadas correntes foram desenvolvidas.

Parte-se, então, da possibilidade de ruptura com as ideologias relacionadas à criminologia positivista, que, de acordo com Carvalho (2008, p. 13), está

> demarcada pelos saberes sanitaristas psiquiátricos, adquiriu feição essencialmente institucional, por estar colonizado pela sociologia, não ter rompido com a institucionalização do saber, visto que seu local acadêmico é institucional.

É importante pontuar que, mesmo após inúmeras mudanças e transformações, o Direito Penal brasileiro, que iniciou sua jornada falaciosa para uma dita humanização, veio a ser regido pelo Código Penal e é utilizado até hoje. Para exemplificar tal fato e demonstrar a função do direito estruturalista na garantia da ordem econômica e social, Nilo Batista (2015, p. 20-21) argumenta:

> Afirmamos, portanto, que o direito penal é disposto pelo Estado para a concreta realização de fins; toca-lhe, portanto, uma missão política, que os autores costumam identificar, de modo amplo, na garantia das "condições de vida da sociedade", como Mestieri, ou na "finalidade de combater o crime", como Damásio, ou na "preservação dos interesses do indivíduo ou do corpo social", como Heleno Fragoso.

O autor destaca que "tais fórmulas não devem ser aceitas com resignação [...]" (Batista, 2015, p. 21), ou seja, precisa-se lutar contra a função hegemônica e conservadora que fomenta o controle social estabelecido pelo Direito Penal.

Por muito tempo, a percepção sobre o sistema penitenciário evidenciou uma realidade pouco conhecida. À medida que a violência cotidiana dentro e fora dos estabelecimentos prisionais extrapolou seus limites e desafiou a obscuridade do tratamento dado aos sujeitos ali aprisionados, os debates chegaram ao público em geral. Desse modo, os movimentos sociais e a sociedade civil vêm paulatinamente tomando conhecimento da degradação estrutural de um sistema penitenciário falido. Embora estejamos longe de alcançar um debate crítico, cada vez mais se constata a necessidade de ampliar a discussão e a pesquisa sobre o tema interdisciplinarmente nas universidades e na sociedade civil, a fim de possibilitar propostas que contribuam para a transformação do sistema penitenciário.

No âmbito desta pesquisa, foi imperativo assumir uma postura crítica frente aos modelos institucionais estabelecidos, com base numa leitura abolicionista e antirracista que pode ajudar na compreensão do crime socialmente estabelecido, direcionado e seletivo, com a finalidade de alcançarmos mudanças fáticas e reais. Para isso, considerei a importância do diálogo com as teorias da criminologia crítica e suas abordagens, tais como a criminalização da pobreza a partir da seletividade penal, direcionadas ao olhar que incrimina mulheres no Brasil, concomitantemente à análise das teorias críticas *decoloniais,* teorias estas que nos proporcionam o diálogo estrutural que problematiza corpos de mulheres racialmente encarcerados. Também foi necessário inserir conhecimentos outros, possíveis a partir dos aportes epistemológicos diversos relacionados ao controle social punitivo e à criminalização da pobreza.

Conforme mencionei, optei por analisar as cartas das mulheres em privação de liberdade como documentos direcionados ao ICCNNM. Deve-se considerar que existe um contexto de simbologias contidas nos textos. A partir dessa afirmação, é preciso pensar que há a relação de continuidade dialógica, informativa entre as sujeitas escritoras e as/os sujeitas/os atuantes no Instituto, sugerindo um processo educativo. Alinhado ao quadro teórico de Catherine Walsh (2009), miro uma pedagogia *decolonial* a partir dos escritos das mulheres em privação de liberdade, que podem ensinar como colocá-las em um outro lugar social: um lugar de denúncia e de aprendizagem sobre as relações coloniais e de subalternidade.

Para o chamado "mundo do crime", no sentido clássico, aquele que cometeu algo ilícito, ou seja, algo que está tipificado como crime em nossa legislação, passará a ser privado do direito de ir e vir para que seja "reeducado" e, posteriormente, possa retornar ao convívio social. Dessa forma, previne-se a prática de outros delitos, ressaltando-se que a pena deve ter caráter pedagógico e deve ser aplicada de maneira harmoniosa. Esses são indícios demarcados pela aplicabilidade da lei, que não reverbera na realidade existente no cárcere brasileiro.

Quando se confronta com a perspectiva do encarceramento como forma de punição às/aos supostas/os infratoras/es da lei, esse fenômeno nos impõe a reflexão sobre a justiça que os órgãos estatais administram diante de um quadro alarmante e crescente do formato "provisório", isto é, sem sentença condenatória definitiva, superlotando os espaços físicos. De acordo com o pensamento de Rosa Del Omo, em *A América Latina e sua criminologia*, "a prisão em si era considerada a forma mais imediata e mais civilizada de todas as penas porque reproduzia a ordem social burguesa sem os elementos que a pudessem a perturbar" (Del Omo, 2004, p. 63).

Diante dessa constatação, em alguns países da América Latina já se presencia repulsão à visão tradicional positivista acrítica do Direito, na qual a criminologia do século 21 está efetivamente pautada em acepções opostas ao cárcere e baseada pela criminologia crítica. Sendo assim, compreende-se haver na pessoa encarcerada, em decorrência da exclusão e da segregação social, uma condição de vulnerabilidade, independentemente da necessidade da flexibilização das regras de contenção do cárcere. Segundo Vera Regina Pereira de Andrade (2012, p. 52), em reflexão aos ensinamentos do criminologista Alessandro Baratta:

> A Criminologia crítica se desenvolverá, pois, na esteira da Criminologia radical e da nova Criminologia, por dentro do paradigma da reação social e, para além dele, partindo tanto do reconhecimento da irreversibilidade dos seus resultados sobre a operacionalidade do sistema penal quanto de suas limitações analíticas macrossociológicas e mesmo causais.

No entendimento de Baratta (2003), estamos diante de uma mudança paradigmática do pensamento criminológico, a qual deslocará a análise do sujeito criminoso para o seu meio e para o ambiente social que o cerca, de forma que seja compreensível a função do sistema penal e sua abrangência na investigação criminológica; ou seja, trata-se de uma priorização do indivíduo nas suas relações histórico-sociais.

Além disso, ao adentrarmos o mundo do cumprimento dessas sanções, é possível perceber que não há uma adequação da lei à realidade vivida no cárcere. Alguns estudos indicam as prisões como *instituições totais*, assim como descreve Erving Goffman (1961, p. 16):

> Quando resenhamos as diferentes instituições de nossa sociedade ocidental, verificamos que algumas são muito mais fechadas do que outras. Seu "fechamento" ou seu caráter total é simbolizado pela barreira à relação social com o mundo externo e por proibições à saída que muitas vezes estão incluídas no esquema físico — por exemplo, portas fechadas, paredes altas, arame farpado, fossos, água, florestas ou pântanos. A tais estabelecimentos dou o nome de *instituições totais*.

As prisões, como instituições totais, segundo o autor, são organizadas "[...] para proteger a comunidade contra perigos intencionais, e o bem-estar das pessoas assim isoladas não constitui o problema imediato: cadeias, penitenciárias [...]" (Goffman, 1961, p. 17). Assim sendo, enquanto se isola um indivíduo do convívio da sociedade, outros padrões e regulamentações são criados para esses sujeitos. Além disso, há uma ilusória ideia do aprisionamento como a proteção da sociedade, que não se julga partícipe desse sistema opressor.

Precisamos, nesse contexto, considerar a figura das instituições totais definidas nas teorias de Goffman, em que são retratadas como uma ficção sociológica, isto é, o cárcere não é uma instituição total por si só, e sim uma criação abstrata que controla os corpos submetidos nesses espaços com características fechadas e com regras disciplinares bem definidas. O sociólogo canadense se preocupa com a pesquisa de campo, importando-se com as especificidades e o comportamento dos sujeitos que agem dentro dessas instituições totais.

Percebe-se que, nas instituições totais, dificulta-se o contato entre o interno e o mundo exterior para excluir a/o sujeita/o completamente do mundo ao qual pertenceu, a fim de que absorva totalmente as regras internas aprisionadoras, evitando-se tensões prejudiciais ao seu novo processo de aprendizagem desumanizadora. Quando integrado ao presídio, geralmente o indivíduo é despido e recebe roupas da instituição, além de um número de identificação, *despersonificando* assim sua própria imagem. Ele se torna um *preso*, controlado pelas regras do sistema carcerário à luz das regras penais. Há um processo de "mortificação" (Goffman, 1961) do indivíduo com a intenção de evitar ações autônomas que possam causar qualquer tipo de descompasso ao cumprimento da pena imposta. Essa é a naturalização do sofrimento.

> Na admissão, a perda de equipamento de identidade pode impedir que o indivíduo apresente, aos outros, sua imagem usual de si mesmo. Depois da admissão, a imagem que apresenta de si mesmo é atacada de outra forma. No idioma expressivo de determinada sociedade civil, alguns movimentos, algumas posturas e poses traduzem imagens inferiores do indivíduo e são evitadas como aviltantes. Qualquer regulamento, ordem ou tarefa que obrigue o indivíduo a adotar tais movimentos ou posturas, pode mortificar seu eu (Goffman, 1961, p. 29-30).

Portanto, para Goffman (1961), há uma agenda institucional desumanizante na instituição total, construída com o objetivo de vilipendiar o corpo e a alma do sujeito encarcerado, "quebrando" o *eu* dos internados, transformando-o em um novo *eu*, consciente de seu papel como criminoso. Isso o torna, portanto, mais dócil e subalternizado. Não é nenhuma novidade a vigência, ainda hoje, de um sistema penitenciário orientado ao modelo cruel e desumano. Maus-tratos verbais e físicos, abusos sexuais, falta de higiene, superpopulação carcerária, falta de trabalho, educação e cultura, e assistência médica e jurídica precárias são algumas das mazelas experimentadas pelas/os detentas/os em penitenciárias brasileiras.

NESSA CELA TEM ALGUM BRANQUINHO DE OLHOS AZUIS DA ZONA SUL AÍ?[15]

Refletir sobre os corpos aprisionados, tanto nas cadeias femininas quanto nas masculinas, nos leva a notar a especificidade do grupo social: são pobres. Em relação à etnia, estudos qualitativos e quantitativos, tais como os promovidos pelos órgãos da justiça e por algumas pesquisas acadêmicas, nos indicam: são negros. Ao pensar sobre a seletividade operacionalizada pelo sistema penal que encarcera em maior número o perfil já mencionado, Vera Regina Andrade (2012, p. 137-138) nos indica que:

> A seletividade é, portanto, a função real e lógica estrutural de funcionamento do sistema penal, comum às sociedades capitalistas patriarcais. E nada simboliza melhor a seletividade do que a clientela da prisão, ao revelar que a construção (instrumental e simbólica) da criminalidade — a criminalização — incide seletiva e de modo estigmatizante sobre a pobreza e exclusão social, majoritariamente de cor não branca e masculina, e apenas residualmente (embora de forma crescente) feminina.

Andrade (2012, p. 138) considera que a seletividade é operacionalizada de forma regulada e direcionada para "[...] homens adultos jovens, pertencentes aos mais baixos estratos sociais e em grande medida não brancos [...]". Acrescento ainda a problematização do crescente encarceramento de mulheres que apresentam esse mesmo perfil. A desigualdade na operacionalização do sistema jurídico penal, portanto, discrimina e reafirma o racismo existente nas esferas institucionais e no imaginário do senso comum da sociedade.

Rita Segato (2013, p. 245, tradução nossa) entende que a "cor da prisão é a da raça, não no sentido de pertencer a um determinado grupo étnico, mas sim como uma marca de uma história colonial que continua

---

15 José Carlos Brasileiro mencionou ter feito essa indagação ao visitar uma das celas do Presídio Evaristo de Moraes, no Rio de Janeiro.

até hoje". A autora faz uma crítica ao ambiente prisional latino-americano ocupado pela população não branca como reflexo de um mundo colonial. De acordo com Carlos Antônio Costa Ribeiro, em *Cor e criminalidade: estudo e análise da justiça no Rio de Janeiro (1900-1930)*:

> Segundo autores, como Nina Rodrigues e Euclides da Cunha, os pretos e pardos tem uma propensão biológica para o crime. Já Nelson Hungria e Arthur Ramos afirmam que os pretos e pardos tem mais tendências criminais porque se encontram num estado de "atraso cultural". Todos esses autores, assim como o pensamento do senso comum na sociedade brasileira, acreditam que negros e pobres cometem mais crimes do que brancos e ricos (Ribeiro, 1995, p. 143).

O autor desenvolveu um estudo crítico sobre cor e criminalização entre as décadas de 1900 e 1930. A partir de vários processos judiciais no estado do Rio de Janeiro, constatou:

> [...] que a representação social que relaciona "cor ou raça e criminalidade" contribuía para aumentar as probabilidades de condenação de pretos e pardos e diminuir as chances de condenação de brancos acusados por um mesmo tipo de delito (Ribeiro, 1995, p. 144).

De acordo com essas premissas, sugerir que pobres e pretos são mais propensos ao crime do que ricos e brancos é parte de um processo colonial e racista que se perpetua por séculos não apenas no Brasil, mas no mundo.

Vera Regina Andrade (2012) destaca a continuidade do suplício sobre os corpos que são seletivamente criminalizados, torturados e exterminados. Ao discorrer sobre o aprisionamento nos países latino-americanos, incluindo o cárcere brasileiro, dá a seguinte ênfase

> [...] é a crueldade, a tortura e o extermínio; ou seja, na América Latina, a Criminologia crítica tem demonstrado que há uma dose muito maior de violência no aprisionamento, e que esta violência tem que ver com as

condições históricas concretas de nossa formação social e econômica. Aqui, a violência contra os corpos nunca saiu de cena, sobretudo, contra os corpos negros e pobres das periferias brasileiras (Andrade, 2012, p. 309).

Sob a égide de um sistema penitenciário falido, acompanhamos o *superencarceramento* — em especial o encarceramento desenfreado de mulheres nos últimos anos, que reforça estereótipos machistas nos quais reside o controle social seletivo e desigual sobre o corpo feminino. Portanto, como um sistema social, a penitenciária representa uma tentativa de criação e manutenção de um grupamento humano submetido a um regime de controle total. Dados estatísticos em relação ao cárcere feminino e suas especificidades, de acordo com o Infopen, mostram que, entre os anos de 2000 e 2014, a população carcerária feminina subiu de 5.601 para 37.380, o que representa um crescimento de 567% em 15 anos. Na maioria das vezes — 68% dos casos —, a prisão ocorre por vínculo com o tráfico de drogas. Os dados integram o Infopen Mulheres (Brasil, 2014b), que, pela primeira vez, aprofunda a análise com o recorte de gênero.

Segundo o Infopen (Brasil, 2014b), as mulheres representam 6,4% da população carcerária do Brasil, que era, no ano de conclusão da pesquisa, de aproximadamente 607 mil detentos. O estudo também revelou que a maioria das mulheres presas no país (68%) é negra, enquanto 31% são brancas e 1%, amarela. No Acre, em junho de 2014, 100% das detentas eram negras. Quanto à faixa etária, cerca de 50% das mulheres encarceradas têm entre 18 e 29 anos; 18% entre 30 e 34 anos; 21% entre 35 e 45 anos; 10% entre 46 e 60 anos; e 1% entre 61 e 70 anos. Quanto à escolaridade, apenas 11% delas concluíram o Ensino Médio e o número de concluintes do Ensino Superior ficou abaixo de 1%. Metade das detentas possui o Ensino Fundamental incompleto e 4% são analfabetas.

A partir das estatísticas apresentadas, é importante reiterar a necessidade de reconhecimento de que a mulher pertence a um grupo de vulnerabilidade nesta sociedade patriarcal, e essa característica permanece quando de sua inserção na prisão. Segundo estudos recentes de Luciana Boiteux (2016, p. 5):

> Dados da América Latina apontam que as detentas, em geral, são chefes de família e responsáveis pelo sustento dos filhos. Sabemos inclusive que 80% delas são mães, ou seja, quando são privadas de liberdade, além de serem abandonadas por seus companheiros, são ainda privadas forçosamente do contato diário e do cuidado de seus filhos, os quais passam a ser criados por avós ou tias. Apesar de condenadas por crimes sem violência, elas são mais facilmente selecionadas pelo sistema penal justamente por estarem em situação de extrema vulnerabilidade.

Sobre o perfil dessa mulher, na maioria das vezes jovem, negra, mãe, pobre, chefe de família, sem ou com baixa escolaridade e que exerce atividade laboral informal, recai uma espécie de reprovação moral por parte da sociedade — fato esse que vai além dos crimes praticados, o que torna o fardo mais pesado para elas do que para os homens que se encontram na mesma situação. Desse total, conforme os dados das pesquisas, a maioria encontra-se em condições precárias, sobrevivendo em amontoados de pessoas sem esperança de justiça nem expectativas de vida. São mulheres ignoradas pela sociedade.

No caminho percorrido, busquei compreender como se configura a *colonialidade* e os padrões de poder *eurocentrados*. Estes formam a base fundante da invisibilidade de outros povos e da destruição do mundo não europeu. O quadro teórico proposto por Aníbal Quijano (2005a) privilegia constructos indispensáveis para análises como as que pretendi realizar nos estudos do ir e vir das cartas das mulheres em privação de liberdade.

Para Quijano (2010, p. 74-75), o estabelecimento de um novo padrão de poder europeu a partir do eurocentrismo "[...] não é, exclusivamente, [...] a perspectiva cognitiva dos europeus, ou apenas dos dominantes do capitalismo mundial, mas também do conjunto dos educados sob a sua hegemonia". A perspectiva eurocêntrica de pensamento sobre o mundo naturaliza e elimina deliberadamente os produtores de saberes dos indivíduos inseridos nesse padrão de poder, tornando o conhecimento unilateral válido, ou seja, os valores sociais, econômicos e epistêmicos do branco.

Uma das principais elaborações das relações de dominação foi a invenção da categoria raça, que se tornou um potencial instrumento de dominação social que perdura até os dias de hoje. Conforme Quijano (2005a, p. 108), a

> [...] raça converteu-se no primeiro critério fundamental para a distribuição da população mundial nos níveis, lugares e papéis na estrutura de poder da nova sociedade. Em outras palavras, no modo básico de classificação social universal da população mundial.

Dessa forma, as relações de poder estabelecidas a partir da categoria raça tornaram possível a categorização de sujeitos inferiorizados como dominados ou colonizados, fadados ao extermínio, à miséria e ao aprisionamento, assim como tem sido problematizado até os dias atuais. Sendo assim, "a 'cor' da pele foi definida como marca 'racial' diferencial mais significativa, por ser mais visível, entre os dominantes/superiores ou 'europeus', de um lado, e o conjunto dos dominados/inferiores 'não-europeus', do outro" (Quijano, 2010, p. 107).

Aníbal Quijano está comprometido com o pensamento crítico latino-americano e figura como um dos seus precursores. Em seu artigo "Dom Quixote e os moinhos de vento na América Latina", ele se dispõe a pensar as influências negativas europeias que sequestraram os modos de vida, a cultura e a personalidade da humanidade dos que vivem ao Sul (Quijano, 2005b). Como desdobramento de uma análise hoje indispensável, o autor acredita que o advento da colonização se apresenta de forma sofisticada na sociedade através da "*colonialidade* do poder". Como alternativa para que a América Latina possa se reconstruir a partir do resgate de sua própria história, propõe medidas descolonizadoras através da resistência e das lutas dos povos contra os domínios eurocêntricos. Portanto, assumir o posicionamento político de desconstrução de toda forma de opressão se faz possível para as reflexões que envolvem este estudo.

Mesmo que a questão da existência de raças inferiores tenha gerado desdobramentos mais complexos, como a escravidão no passado e a exploração no presente, o processo do colonialismo trouxe profundas marcas para a população negra, relacionadas à não existência. Frantz Fanon (1979, p. 30) pensa que:

> O mundo colonial é um mundo maniqueísta. Não basta ao colono limitar fisicamente, com o auxílio de sua polícia e de sua gendarmaria, o espaço do colonizado. Como que para ilustrar o caráter totalitário da exploração colonial, o colono faz do colonizado uma espécie de quintessência do mal.

Conforme as teses de Fanon (1979), o colonizador estigmatiza o colonizado, deslocando seus saberes, sua identidade e sua cultura, e (res)significa sua existência, deixando-o à margem da sociedade. Em suas principais obras, Frantz Fanon revela sua preocupação com a identidade negra "sequestrada" pelo colonizador, reafirma a presença da *colonialidade* na sociedade colonizada e propõe que as massas colonizadas estejam dispostas a lutar pela emancipação de seu povo e a conquistar o resgate de sua identidade a partir da descolonização.

É importante enfatizar que o levantamento de conceitos como *colonialidade* e *decolonização* é essencial para legitimar os argumentos referentes à existência de pessoas que foram subalternizadas pela sociedade dominante e que se encontram encarceradas no sistema penitenciário. Leva-se em conta a criminalização desses sujeitos não somente porque cometeram crimes que justificam legalmente sua prisão, mas porque participam de um processo com raízes coloniais. Embora o processo de escravidão tenha sido extinto ao longo do tempo, a exploração e a segregação dos sujeitos latino-americanos não desapareceram, mas sim deram espaço à criação da *colonialidade*, que permanece em consonância com o mundo globalizado no qual vivemos, em que a lógica hegemônica fomenta a desumanização:

> A descolonização jamais passa despercebida porque atinge o ser, modifica fundamentalmente o ser, transforma espectadores sobrecarregados de inessencialidade em atores privilegiados, colhidos de modo quase grandioso pela roda viva da história. Introduz no ser um ritmo próprio, transmitido

> por homens novos, uma nova linguagem, uma nova humanidade. A descolonização é, em verdade, criação de homens novos (Fanon, 1979, p. 26).

Desse modo, *decolonizar* ou descolonizar o pensamento dominante é visibilizar as lutas contra a *colonialidade,* privilegiando as práticas sociais, epistêmicas e políticas. Busca-se, pois, a emancipação de toda forma existencial do sujeito subalterno.

Partindo do princípio de que estudo um grupo considerado excluído da humanidade — as mulheres encarceradas — proponho, aqui, um estudo interdisciplinar entre aportes pautados em criminologia, *colonialidade* e educação, com a finalidade de ir ao encontro de caminhos outros, emancipatórios e não hegemônicos. Ao longo deste estudo, reflito sobre a importância epistêmica e acadêmica na percepção dos danos que causam a permanência da *colonialidade* na sociedade. A aura colonial permanece operacionalizando a desumanização de determinados grupos racializados e economicamente excluídos, e também afeta o sistema de justiça brasileiro vigente. Segundo Rita Segato (2013), pode-se considerar a existência da "*colonialidade* da justiça" orientada ao encarceramento de sujeitos *racializados* nos países da América Latina:

> Negar a racialização das prisões contradiz a experiência. É por isso que precisamos lidar com esse sequestro de raça, uma teoria da colonialidade da estrutura colonial no presente. Era inevitável o cruzamento, mais cedo ou mais tarde, entre a crítica criminológica, com suas análises importantes sobre a seletividade da justiça e sobre a perspectiva da colonialidade (Segato, 2013, p. 258, tradução nossa).

Lidar com a perspectiva da *colonialidade* ajuda a pensar a negação absoluta do outro, que, segundo Catherine Walsh (2008), apresenta problemas reais em torno da liberdade, do ser e da história do indivíduo subalternizado por uma violência epistêmica. Frente a esse pensamento, Walsh explicita processos educacionais a partir da *decolonização* de conceitos através do *pensamento-outro,* que teria como princípio a luta contra a não existência, a existência dominada e a desumanização.

A MULHER EM SITUAÇÃO DE PRIVAÇÃO DE LIBERDADE

Estamos diante da urgência de priorizar as condições dos grupos encarcerados. Dentre esses grupos, destacam-se primordialmente as mulheres negras, detentoras de saberes que são marginalizados e constantemente invisibilizados pelas instâncias superiores. Nesse sentido, é importante considerar o espaço acadêmico como propício para o desenvolvimento de pesquisas científicas que investigam o fenômeno da situação da mulher encarcerada no Brasil e no mundo. Esses estudos, paulatinamente, vêm ocupando lugar no saber científico, principalmente nas áreas jurídicas, sociológicas e antropológicas. No entanto, na área educacional, de acordo com o levantamento bibliográfico realizado, percebem-se poucas referências à temática abordada.

Para pensar essa possibilidade e investigar o lugar da mulher encarcerada, é necessário encontrar atalhos para a compreensão dos efeitos da ineficácia do sistema penitenciário atual. Também é pertinente e plausível a concepção de descolonização de formas hegemônicas de dominação opressora como forma interventiva. Faz-se relevante aqui, então, o pressuposto de Cláudia Miranda (2006, p. 53), sobre a descolonização da consciência:

> Descolonizar o pensamento, reconhecer as outras formas de interpretação da(s) história(s) são interesses de nações inteiras *fixadas* em acordo com o modelo civilizatório do mundo colonial. A partir deste lugar predefinido, inúmeros grupos foram racializados para atender à lógica da condição de subalternidade, assim, *fixação identitária* converteu-se em um produto da eficácia das relações assimétricas de poder inauguradas com o colonialismo.

A "eficácia colonial" é, portanto, um dos obstáculos a serem superados quando pensamos a nossa própria formação como pesquisadoras/es no campo da Educação. Sobre os lugares predeterminados mencionados por Miranda (2006), é imperativo assumir outros compromissos com a teoria e enfrentar a ausência de problematização acerca do tema abordado.

Seguindo a lógica da opressão colonial, Gayatri Spivak (2010, p. 67) convida à reflexão diante da afirmativa: "Se, no contexto da produção colonial, o sujeito subalterno não tem história e não pode falar, o sujeito subalterno feminino está ainda mais profundamente na obscuridade". Essa abordagem tem permeado a análise do estudo aqui apresentado, que ocorre a partir do anseio de produzir conhecimentos "alternativos", a fim de desenvolver uma pesquisa pautada em um pensamento *outro*,[16] que anuncie possibilidades *outras*, que desvelem outros lugares de enunciação.

Sendo assim, as mulheres se tornam invisíveis pelo seu confinamento ao espaço privado. O sistema patriarcal reforça a relação de dominação perante as mulheres e os estereótipos referentes a elas, reafirmando cotidianamente sua suposta inferioridade intelectual, sua dependência emocional, social e econômica ao homem e seu destino biológico reprodutivo.

Diante das acepções levantadas, nada é mais oportuno que a confirmação da análise de Elça Mendonça Lima (1983, p. 43): "a prisão será o lugar de se reabilitar a mulher e seus instintos 'positivos' (domésticos)". Mesmo diante do lapso temporal desta análise, seu teor permanece contemporâneo. Segundo a autora, à época da criação das penitenciárias femininas no Brasil: "A tarefa da prisão feminina é de natureza essencialmente diferente da do homem. [...] No caso da mulher, a recuperação é referida a um espaço restrito da sociedade: o lar" (Lima, 1983, p. 44). Tais considerações são importantes, uma vez que o sistema penitenciário contemporâneo ainda constitui um ambiente não apropriado para mulheres. Com base nessa contextualização sobre a mulher encarcerada e o meio social estabelecido, retomo a seguir o estudo que visibilizará algumas vozes de mulheres em privação de

---

16 Para a proposta investigativa do Grupo Modernidad/Colonialidad, esse *outro* marca o lugar fictício em que aqueles e aquelas foram situados pelo projeto colonial que ainda permanece nas relações diversas no momento atual.

liberdade a partir de suas palavras/gritos, escritos em cartas enquanto estiveram em situação de cárcere.

Minha atuação no Instituto Nelson Mandela como colaboradora da área jurídica favoreceu o acesso às cartas vindas do cárcere tanto feminino quanto masculino. Foram encontradas narrativas que se distinguem por suas complexidades e especificidades relatadas nas histórias. Nesse sentido, enquanto as narrativas masculinas demonstram preocupação com o andamento dos processos para que tão logo seus autores estejam livres do cumprimento de pena e, quase sempre, visam demonstrar inocência quanto ao crime cometido, as narrativas femininas revelam preocupações relacionadas ao contexto sócio-histórico da construção que as fez cometer um delito e adentram a esfera pública de punição.

A intensidade dessas vozes escritas a partir das narrativas engendradas pelo sofrimento é um fator em relevo. Para além de manifestarem urgência por informação sobre a execução de sua pena, querem saber como estão os filhos e familiares, e denunciam que recebem tratamento diferenciado em relação ao cárcere masculino, sendo o gênero um marcador social que as vulnerabiliza nesse contexto prisional. Um aspecto curioso nas escritas femininas é o sentimento expresso da culpabilidade por seus crimes, em que as autoras afirmam merecimento do castigo ao corpo e à alma por terem infringido "a lei dos homens". Certamente conhecer as experiências dessas mulheres, no sentido de visibilizá-las, tem sido o maior desafio deste trabalho, porque se trata do universo da violência que revela a *colonialidade* do poder, do ser e do saber. Tratar dessa dor feminina é um ato político. De acordo com os ensinamentos de Andrade (2012, p. 126):

> [...] devo iniciar dizendo que o universo da violência é, antes de mais nada, um universo de dor e que se enfrentá-la como objeto teórico e de reflexão implica necessariamente um esforço de suspensão da dor: colocá-la em suspenso não implica, em momento algum, perdê-la de vista ou divorciar-se dela porque é a solidariedade para com a dor e o propósito de contribuir para superá-la que motiva a tentativa de resgatar para o problema a voz dos saberes emancipatórios.

Com preocupação e compromisso com a dor da sujeita encarcerada é que desenvolvi a pesquisa, com base nos aportes empíricos com as cartas. Um número expressivo de presas se correspondeu com o Instituto e, dessas tantas, a maioria cumpre pena por algum delito relacionado às drogas, crimes de menor potencial ofensivo. Embora os crimes relacionados às drogas sejam os maiores responsáveis pelo encarceramento brasileiro, de acordo com a pesquisa de Boiteux, observa-se que:

> O uso da prisão como resposta às drogas afeta desproporcionalmente as mulheres. Na Argentina, Brasil e Costa Rica mais de 60% da população carcerária feminina está privada de liberdade por delitos relacionados a drogas (Youngers; Pieris, 2016, p. 4).

Além da questão que relaciona as drogas à criminalização das mulheres, também é possível perceber o controle social operando nos corpos marcados de sujeitas não brancas e economicamente vulneráveis.

Angela Davis discute a estrutura de gêneros e sistema prisional em seu livro intitulado *Estarão as prisões obsoletas?* (2018) e revela a dificuldade de entendimento do gênero feminino diante da mulher submetida à construção social de raça e classe. Segundo Davis (2003), a mulher negra e pobre carrega em si o estigma da criminalização a partir da sexualidade. Por essa razão, até a abolição da escravatura, a mulher negra se encontrava no regime de punição cotidiana, ato legitimado pela sociedade. Em alusão à punição daquela época, ocorre a punição de mulheres no tempo presente.

Assim, é importante observar o contexto das desigualdades sociais e raciais consideradas elementos fundantes para o *superencarceramento* nos últimos anos no Brasil. No que tange à violência contra a mulher, encontramos as estruturas patriarcais basilares que contribuem para esse quadro. Vera Regina Andrade (2012, p. 142) analisa o controle social do gênero no patriarcado e conclui:

> As pessoas do sexo feminino são tidas como membros de um gênero subordinado, na medida em que determinadas qualidades, bem como o acesso

> a certos papéis e esferas (da política, da economia e da justiça, por exemplo) são percebidos como naturalmente ligados a um sexo biológico e não a outro, de tal maneira que a mulher é construída como um não sujeito.

Entende-se então que a mulher como construção de sujeita sequer é considerada pelo sistema que integra, que a diferencia da esfera privada social estabelecida quando exerce o papel de esposa, mãe ou trabalhadora do lar. Esses posicionamentos estão nítidos nos escritos das cartas, que revelam a desumanização das mulheres, as práticas e vivências do controle social exercido pelo Estado, indicando uma cultura de discriminação e humilhação. Segundo Andrade (2012), o sistema penal deveria prioritariamente proteger a integridade da mulher contra o domínio e a opressão, mas ela é submetida ao controle formal exercido pelo mesmo aparelho regulador.

UM PERFIL DAS MULHERES ENCARCERADAS

As primeiras aspirações para a criação da penitenciária feminina no Rio de Janeiro surgiram em consequência da reforma penal no início dos anos 1940. Tal reforma traz novos textos legais do Código Penal, inclusive a separação física entre homens e mulheres nos estabelecimentos prisionais. Dizia o Código Penal, no parágrafo segundo, Art. 29: "as mulheres cumprem pena em estabelecimento especial, ou a falta, em secção adequada de penitenciária ou prisão comum, ficando sujeitas ao trabalho interno" (Brasil, [2017]).

A determinação legal da separação entre homens e mulheres encarcerados parece ser fruto de preocupação com a mulher infratora, porém significava um planejamento para que fosse preservada a paz e a segurança interna do presídio masculino (Lima, 1983). As prisões femininas brasileiras se constituíram sob os fundamentos de privilegiar os homens, em 1942, tendo sido o Distrito Federal (Rio de Janeiro) pioneiro na criação da penitenciária de mulheres.

Os estudos relacionados à prisão de mulheres são bastante escassos nas diferentes áreas das ciências. Ao longo da pesquisa, com a finalidade de situar o sistema prisional feminino no estado do Rio de Janeiro, de onde parto, fui ao encontro de uma monografia de conclusão do curso em Direito intitulada *Origens da prisão feminina no Rio de Janeiro: o período das freiras (1942-1955)*, desenvolvida por Elça Mendonça de Lima (1983). A autora realiza o primeiro levantamento histórico da prisão para mulheres no Brasil, baseada em documentos administrativos da Penitenciária de Mulheres da Capital Federal (Rio de Janeiro).

De acordo com Lima (1983), a criação e o estabelecimento da prisão feminina no Rio de Janeiro se fortalecem pela reforma, que vilipendiava a mulher. A ideia precípua de domesticar religiosamente a mulher infratora a partir das instituições penais era projeto de não emancipação das mulheres que adentravam o mercado de trabalho à época. Em outros termos, "a prisão feminina é, nesse sentido, o ponto de máxima realização desse ideal, isto é, o espaço na sociedade que é reservado para a mulher, o lar, é uma cópia ideal e vice-versa, da prisão feminina" (Lima, 1983 p. 58).

Nesse contexto, em 1983, os estudos de grande relevância desenvolvidos por Julita Lemgruber vêm revelar a análise da prisão para mulheres a partir dos estudos pautados na Instituição Penal Talavera Bruce, criada em 1943, no estado do Rio de Janeiro. A autora indica que a penitenciária se destinava a abrigar mulheres e, ao longo dos anos 1970, também se destinou às *presas políticas*. Na década de 1980, o estado do Rio de Janeiro abrigava as mulheres infratoras que aguardavam julgamento no Presídio da Água Branca, e o Talavera Bruce se destinava às mulheres condenadas (Lemgruber, 1983).

O espaço carcerário feminino no Rio de Janeiro se expandiu em novas estruturas físicas ao longo desses anos, mas essas mulheres infratoras continuam invisibilizadas pelo sistema, tanto por estarem em menor número que os homens presos quanto por sua condição feminina e suas especificidades. Em 1943, o contingente de mulheres presas não ultrapassava 6% em relação ao cárcere masculino (Lima, 1983) e, até 2014, representava 6,4% da população carcerária no Brasil, segundo dados disponibilizados pelo Conselho Nacional de Justiça (CNJ).

Ao longo desses últimos anos, certas estruturas passaram a ser destinadas ao aprisionamento de mulheres na região metropolitana do Rio de Janeiro. Alguns presídios se localizam no bairro de Bangu, no Complexo do Gericinó, região da Zona Oeste: Presídio Nelson Hungria (Bangu 7), Penitenciária Talavera Bruce, Cadeia Pública Joaquim Ferreira de Souza (Bangu 8) e Unidade Materno Infantil (UMI). Na região Norte da cidade, no bairro de Benfica, há também o Instituto Penal Oscar Stevenson.

Sobre o posicionamento espacial da maioria dos presídios femininos, são unidades afastadas dos grandes centros urbanos da cidade do Rio de Janeiro. A dificuldade de acesso é uma realidade para muitas famílias que dependem do transporte público escasso para aquela região, dificultando, assim, o convívio social com as apenadas. Na figura a seguir está ilustrada a localização desses estabelecimentos prisionais:

Figura 1: Localização dos estabelecimentos prisionais
Fonte: Google Maps, 2017.

É importante localizar esses espaços carcerários, pois deles partem as cartas enviadas pelas mulheres encarceradas escritoras ao ICCNNM. Além disso, cabe conhecer os recentes dados oficiais sobre o encarceramento de mulheres no Brasil e no Rio de Janeiro, obtidos pelo Levantamento Nacional de Informações Penitenciárias — Infopen Mulheres (Brasil, 2014b), que mostram uma realidade de descaso com essa população feminina.

De acordo com os dados divulgados pelo CNJ, a população penitenciária brasileira chegou a ter 622.202 pessoas em dezembro de 2014[17] (Brasil, 2014a). É um número alarmante que enquadra o Brasil no terceiro lugar no ranking do *superencarceramento* no mundo. Na análise do cárcere feminino, constata-se um crescimento de 567% no encarceramento das mulheres em 15 anos — essa população subiu de 5.601 para 37.380 detentas entre os anos de 2000 e 2014[18] (Brasil, 2014a).

17 O relatório mais atual é de junho de 2019. Nele consta uma população prisional de 723.025 pessoas (Brasil, 2019).

18 No relatório de 2017, constam 37.828 mulheres presas (Brasil, 2019).

No que tange à realidade no estado do Rio de Janeiro, percebe-se que, assim como em nível nacional, os números apontam para o *superencarceramento* no estado. Segundo os dados disponibilizados pelo Infopen Mulheres (Brasil, 2014b), entre os anos de 2007 e 2014 houve um aumento de 271% no encarceramento feminino; em 2007, havia 1.116 mulheres presas e, em 2014, esse número subiu para 4.139. Nesse mesmo período, o encarceramento masculino subiu para 62%. Quanto ao aumento desenfreado do encarceramento feminino, as pesquisas apontam dados alarmantes para análise. No ano de 2013, havia 1.618 mulheres presas; em 2014, o número subiu para 4.139, ou seja, no período de um ano apenas o número de encarceramento de mulheres apenadas quase triplicou no estado do Rio de Janeiro.

Para a pesquisa, esses dados podem revelar a urgência e a relevância dos estudos empíricos através das cartas. Ao analisar o recebimento delas pelo Instituto Nelson Mandela entre 2010 e 2016, foi possível verificar um aumento repentino do volume de cartas recebidas entre 2013 e 2016, período em que as cartas se originam majoritariamente dos presídios destinados ao cumprimento de pena em regime fechado. Além de verificar o aumento do encarceramento crescente de mulheres, as pesquisas revelam o perfil dessa população a partir de aspectos distintos, que abrangem faixa etária, natureza da prisão, escolaridade, raça e razão do encarceramento (Brasil, 2014b, p. 20), de modo que:

> Em geral, as mulheres em submetidas ao cárcere são jovens, têm filhos, são as responsáveis pela provisão do sustento familiar, possuem baixa escolaridade, são oriundas de extratos sociais desfavorecidos economicamente e exerciam atividades de trabalho informal em período anterior ao aprisionamento (Brasil, 2014b, p. 5).

Os dados disponibilizados pelas pesquisas do Infopen Mulheres (Brasil, 2014b) até o ano de 2014 me parecem pertinentes, à medida que relaciono os dados do perfil das mulheres encarceradas no Rio de Janeiro ao conteúdo das cartas em estudo.

Com base na análise das correspondências, foi possível observar, nos depoimentos das mulheres escritoras, que as cartas falam por si mesmas, indicando o perfil carcerário feminino a partir de suas narrativas, reveladoras de memórias anteriores ao encarceramento, em paralelo ao cotidiano experimentado no espaço carcerário. Para demonstrar esse aspecto, pretendo apresentar um panorama das categorias explicitadas pelos dados existentes e as demandas representadas pelos fragmentos das cartas.

A POPULAÇÃO CARCERÁRIA FEMININA: DADOS A PARTIR DAS NARRATIVAS

Inicialmente, apresento alguns fragmentos que compõem as cartas redigidas pelas mulheres encarceradas escritoras. Não pretendo examinar profundamente os escritos, mas sim desvelar o perfil das internas a partir delas mesmas, apresentando sua relevância e cruzando-o com os dados disponibilizados em pesquisas oficiais vigentes sobre o cárcere feminino. Não foi possível fazer um levantamento quantitativo sobre o perfil dessas mulheres somente pelas cartas, pois isso demandaria uma pesquisa mais abrangente, mas considero de grande importância pontuar o que essas vozes encarceradas podem representar nesse campo científico.

Pretendo abranger aspectos relevantes, desde a natureza da prisão, tipo de regime, até a raça/cor/etnia da mulher privada de liberdade, escolaridade e razão de sua prisão, informações apresentadas na maioria das cartas analisadas. Esse conjunto de dados, pensados qualitativamente, pode nos indicar pistas sobre as eventuais discrepâncias de um sistema criminal direcionado a uma população que ocupa o cárcere.

QUANTO À NATUREZA DO CRIME E FAIXA ETÁRIA

Nas cartas analisadas, encontrei narrativas das mulheres privadas de liberdade que foram criminalizadas pelos crimes associados ao tráfico de drogas como o maior responsável pelo encarceramento de mulheres no Rio de Janeiro, mais especificamente daquelas que estão submetidas ao cumprimento de pena em regime fechado. As cartas recebidas do Instituto Penal Talavera Bruce e do Presídio Nelson Hungria revelam essa realidade, ao mesmo tempo que mostram que se trata de mulheres infratoras jovens:[19]

> [...] faz dois anos que estou presa, fui presa com 18 anos por uma burrice aceitei faze um bonde para leva drogas para Bahia para receber apenas 1000 reais (Eva, 2014).

> [...] tenho 27 anos, sou moradora de Petrópolis, fui presa em Petrópolis com 13 sacole de cocaína, fui sentenciada há 9 anos e alguns meses eu acho, eu e mais 1 mulher. Já estou presa há 8 meses, sou ré primária, eu nunca tive nenhum problema com a justiça (Simona, 2014).

> [...] tenho 23 anos, 4 filhos. Fui presa no dia 20 de outubro de 2013, por tráfico, mas quando comecei a traficar, eu estava só apenas a três dias, nessa vida eu nunca mais quero estar, quero arrumar um trabalho de carteira assinada e cuidar da minha família (Zacimba, 2014).

> Fui presa no dia 07 de outubro de 2008 na ponte Rio Niterói pela Polícia rodoviária federal, fui presa com 1 quilo de cocaína, eu e mais um parceiro que era moto-táxi e fomos para a delegacia de Niterói e lá assumi toda a culpa e vim transferida para o presídio Nelson Hungria. Hoje eu estou com 21 anos (Helena, 2010).

---

19 A grafia original das palavras foi preservada.

Ao iniciar a leitura das cartas nas quais as mulheres se identificam com idade abaixo dos 34 anos, faz-se afirmativa a vinculação da idade aos crimes relacionados às drogas. Segundo dados estatísticos, o perfil etário da mulher encarcerada repete o padrão nacional jovem em quase todos os estados, pois "[...] 50% das mulheres encarceradas têm entre 18 e 29 anos" (Brasil, 2014b, p. 22). No caso específico do estado do Rio de janeiro, as cartas sugerem que se trata de mulheres jovens, acompanhando a média nacional.

Os relatos anteriormente transcritos revelam o universo da maioria das cartas analisadas. Como se trata de correspondências enviadas dos presídios de regime fechado, outros crimes, tais como homicídios, roubo e estelionato, também são mencionados, porém em menor proporção.

MULHERES ESTRANGEIRAS

No que concerne ainda aos crimes por tráfico de drogas, as mulheres encarceradas estrangeiras são escritoras frequentes, principalmente aquelas vindas de países da África e da América Latina.

> Eu sou estrangeira, naturalidade da Venezuela. Não entendo porque está hoje estou presa. Eu fui presa no dia 16/09/2009 acusada de tráfico de drogas na aero portogaliano no Rio de janeiro, sem drogas comigo, mas estava com outra pessoa que estava com drogas na mala sem que eu soubesse e ela já foi embora e eu estou presa sem entender o motivo (Shirley, 2014).

> Não tenho família no Brasil, e da minha em Angola, recebo notícias através de cartas e nenhuma ajuda financeira, pois os mesmos são providos de poucos rendimento financeiro [...]. Preciso de material de limpeza e higiênico (Dayse, 2014).

Segundo dados do Infopen Mulheres (Brasil, 2014b), em junho de 2014 havia 2.778 estrangeiros no sistema prisional brasileiro, sendo 21% mulheres e 79% homens. Dentre as mulheres estrangeiras no sistema prisional, 53% vieram da América, 27% da África e 13% da Europa. Embora o referido relatório não revele o quantitativo de estrangeiras nos presídios do Rio de Janeiro, as cartas mostram a sua presença e inclusive revelam as dificuldades que as mulheres encontram para acessar os mecanismos da justiça.

MULHERES NEGRAS

As estatísticas são evidentes ao categorizar o grupo de pretas e pardas como população predominante nos presídios femininos no Brasil e, principalmente, no Rio de Janeiro, onde 86% das mulheres encarceradas são negras, segundo dados disponibilizados pelo Infopen Mulheres (Brasil, 2014b).

Nas narrativas das mulheres encarceradas, não há um percentual significativo de autoidentificação relacionado à raça. Muitas anunciam, porém, indícios da negritude, presentes a partir de suas histórias de vida, como na vida anterior ao seu recolhimento à prisão. São sujeitas que possuem uma trajetória de desumanização, na qual o encarceramento é o ápice do controle social que o Estado exerce sobre essas mulheres. Considero importante, então, elucidar a narrativa de uma mulher negra encarcerada:

> Meu nome é Nanci,[20] venho através dessa ti pedir encarecidamente sua ajuda. Pois por ser negra, estou sofrendo uma grande injustiça da nossa Polícia brasileira e do poder [...] o meu sonho é estudar Direito e me especializar em Previdência Social, como não tive condições de estudar, comecei trabalhar sozinha e me envolvi com drogas (Nanci, 2010).

É importante atentarmos para o posicionamento da mulher negra que denuncia a repressão sofrida pela polícia brasileira. Nos tempos atuais, é possível observar denúncias feitas pelo Movimento Negro acerca da criminalização e do genocídio da população negra no Brasil. Nessa linha, movimentos de mulheres negras ampliam a problematização racial e fomentam a discussão do aprisionamento das mulheres negras no país. Logo, o cárcere feminino tem cor, e é preta.

Dentre os grupos vulneráveis, portanto, a criminalização e o controle social afetam de forma mais intensa as mulheres negras, cujos saberes

---

20 Nome fictício.

são sistematicamente marginalizados e silenciados pelas instâncias de poder. Essas mulheres são impedidas de serem ouvidas ou visíveis na sociedade, que privilegia a ordem estabelecida. Para elas, sobreveio o subemprego e nenhuma esperança de ascensão social. De acordo com a intelectual e ativista negra feminista Sueli Carneiro (2011, p. 129):

> As mulheres negras brasileiras compõem, em grande parte, o contingente de trabalhadores em postos de trabalho considerados pelos especialistas os mais vulneráveis do mercado, ou seja, os trabalhadores sem carteira assinada, os autônomos, os trabalhadores familiares e os empregados domésticos.

Segundo Carneiro (2011), a mulher negra permanece ocupando espaços de subalternidade na sociedade brasileira e se encontra sujeita à violência cotidiana. Isso é um indicativo da urgência na implementação de medidas eficazes que oportunizem acesso à dignidade da pessoa humana para as mulheres negras dentro e fora do cárcere.

MULHERES POBRES

Acredito ser importante um olhar crítico sobre a pobreza no contexto do encarceramento feminino, embora não haja dados que revelem o perfil econômico dessas mulheres na pesquisa realizada pelo Infopen Mulheres (Brasil, 2014b), que somente menciona a origem das mulheres encarceradas em extratos sociais desfavorecidos economicamente no Brasil. Com a leitura das cartas, vê-se que grande parte das mulheres encarceradas no Rio de Janeiro são assistidas pela Defensoria Pública do Estado, portanto são hipossuficientes. Talvez por essa questão situacional muitos escritos demandem ciência sobre os andamentos processuais e clamem por assistência jurídica célere.

> O senhor pediu para lhe escrever porque iria estudar o meu caso para tentar me ajudar, não tenho condições nenhuma para contratar advogado pois não temos condições financeiras para isto. Minha mãe se encontra com problemas de saúde e tenho 7 filhos (Ella, 2014).

> Sr. José Carlos Brasileiro venho por meio desta lhe pedir ajuda, pois eu gostaria de saber o andamento do meu processo, uma vez que não tenho advogado para me passar tais informações (Anna, 2016).

Percebe-se, pois, a vulnerabilidade social que essas mulheres carregam em sua vida pregressa ao encarceramento. A criminalização da pobreza é evidente quando identificamos relatos de miserabilidade nas narrativas apreendidas.

ESCOLARIDADE DAS MULHERES

Os dados obtidos mostram que 4% das mulheres encarceradas são analfabetas (5% dos homens estão nessa mesma situação), e 11% delas concluíram o Ensino Médio, enquanto somente 7% dos homens encarcerados se encontram nesse nível de escolaridade (Brasil, 2014b, p. 26). Verifica-se também que 100% das mulheres presas no estado do Rio de Janeiro, entre os anos de 2010 e 2014, cursaram somente até o Ensino Fundamental, incompleto. Esse dado é tensionado pela leitura das cartas, em que mulheres indicam frequentar cursos de qualificação profissional oferecidos por projetos que ocorrem dentro dos estabelecimentos prisionais. Algumas indicam possuir o Ensino Médio completo e aprovação no Exame Nacional do Ensino Médio (Enem), com possibilidade de pleitearem vagas nas universidades. Em outras palavras, mesmo sem quantitativo relevante para uma comparação fidedigna desses dados, a partir do levantamento das narrativas, que se localizam no ano de 2014, é possível mostrar outra realidade quanto à questão educacional das mulheres privadas de liberdade. Vejamos alguns exemplos:

> Eu estudei no sistema durante 1 ano, mas a remissão não bateu no sistema. Fiz uma prova que fui parabenizada com um notebook pois recebi boas notas. Fui até parabenizada no Palácio Guanabara pelo meu comportamento e esforço de voltar a estudar (Amy, 2014).

> Estou remindo minha pena na escola fazendo o 2° grau e eu fiquei sabendo que se eu me formar abate a minha pena, não tenho parte disciplinar, sou réu primária (Fannie, 2014).

Não pretendo sugerir que as mulheres encarceradas no Rio de Janeiro são escolarizadas, ao passo que não o são em outros estados do Brasil, mas é importante evidenciar que as cartas mostram a multiplicidade do nível educacional das mulheres que ocupam o cárcere.

CAPÍTULO 2

INSTITUTO DE CULTURA E CONSCIÊNCIA NEGRA NELSON MANDELA

Ninguém nasce odiando outra pessoa pela cor de sua pele, por sua origem ou ainda por sua religião. Para odiar, as pessoas precisam aprender e, se podem aprender a odiar, podem ser ensinadas a amar.

Nelson Mandela

O trecho desta epígrafe faz referência ao ideal vislumbrado pelas/os sujeitas/os fundadoras/es do Instituto Nelson Mandela e se encontra presente em diversos documentos e projetos produzidos por essa equipe. José Carlos Brasileiro explica o porquê:

> Eu vivi e vi a situação que a sociedade desconhece. Eu hoje até entendo bem aquela frase do Mandela: que ninguém nasce odiando outra pessoa, para aprender a odiar você pode aprender a amar também. Então eu uso essa frase no sentido assim: é preciso amar as pessoas [...] tem uma música que diz isso. É preciso amar as pessoas como se não houvesse o amanhã, porque as pessoas têm o dom de errar e eu vi muita gente inocente dentro da cadeia, inocente no sentido de crime leve, coisa que não tem que ir para a penitenciária. Eu também vi 27 pessoas morrendo coladas na parede na galeria A15, torrou os companheiros, aquele cheiro de carne queimada, o agente penitenciário tacou uma bomba dentro da cela, derreteu todo mundo. É só ver aí, procura nas pesquisas, de oitenta e tal, verdadeiro terror. Então, só quem conhece a cadeia é quem viveu na cadeia. Tem muitas pessoas que falam de cadeia na teoria, mas não conhecem (Brasileiro, 2016).

Brasileiro escreveu sobre o seu passado sombrio enquanto esteve encarcerado e sobre os aprendizados adquiridos durante o período. Com o objetivo de se identificar como cidadão dentro do cárcere, ele encontra na resistência outros agenciamentos para o enfrentamento de seu cotidiano no espaço prisional. Em sua biografia está registrado o vínculo com o ideário do Movimento Negro brasileiro, como um posicionamento de luta dentro e fora do sistema prisional.

Definindo os movimentos sociais, Maria da Glória Gohn (2011, p. 335) escreve: "Nós os encaramos como ações sociais coletivas de caráter sociopolítico e cultural que viabilizam formas distintas de a população se organizar e expressar suas demandas". Segundo Petrônio Domingues (2007, p. 101):

> Movimento negro é a luta dos negros na perspectiva de resolver seus problemas na sociedade abrangente, em particular os provenientes dos preconceitos e das discriminações raciais, que os marginalizam no mercado de trabalho, no sistema educacional, político, social e cultural.

Notadamente, é nesse conjunto de demandas que está localizada a questão de fundo presente nas cartas selecionadas para esta pesquisa sobre narrativas de presas.

Embora o foco principal deste estudo seja a análise das cartas de mulheres encarceradas, esses documentos estão intrinsecamente relacionados à identidade do Instituto de Cultura e Consciência Negra Nelson Mandela em relação a essa população. Por isso, é possível supor que estamos frente a possibilidades outras de pensar a educação, a partir dos movimentos das experiências de sujeitas que reagem à opressão imposta ao longo de suas trajetórias de vida. Não esgotando as possibilidades de reflexão sobre a referida instituição, apresento, a seguir, a dinâmica de intervenção reconhecida nas hipóteses que impulsionaram este estudo.

No ir e vir das narrativas e das missivas aqui em relevo, foram alcançados deslocamentos que devem ser interpretados como positivos para redirecionar o olhar para as lutas engendradas em instituições do Movimento Negro. Nesse sentido, o Instituto promove um ideário emancipatório, uma vez que, na sua proposta multidimensional, visibiliza algumas nuances da luta que emerge das decisões e encaminhamentos promovidos.

Desse modo, alinhada ao pensamento de Paulo Freire, pude perceber que, somente quando os oprimidos descobrem nitidamente o opressor e se engajam na luta organizada por sua libertação, começam a crer em si mesmos, assim superando sua "conivência" com o regime opressor.

> Se esta descoberta não pode ser feita em nível puramente intelectual, mas da ação, o que nos parece fundamental é que esta não se cinja a mero ativismo, mas esteja associada a sério empenho de reflexão, para que seja práxis (Freire, 2013, p. 72).

Segundo Freire (2013), quando o oprimido faz o reconhecimento do seu opressor, nasce uma força que pode (res)significar a busca da liberdade. No tocante à realidade vivida no cárcere, intensifica-se a busca da legitimação dos direitos mais básicos, garantidos por lei, reconhecendo-se criticamente o espaço que se ocupa. Diante dessa perspectiva, aparecem as ações dos movimentos sociais como protagonistas que viabilizam o cumprimento desses direitos relegados pelo Estado opressor. As ações proporcionam dinâmicas coletivas que adotam diferentes estratégias e almejam emancipação, e, de acordo com Santos (1994, p. 254):

> [...] mesmo que as novas opressões não devam fazer perder de vista as velhas opressões, a luta contra elas não pode ser feita em nome de um futuro melhor, numa sociedade a construir. Pelo contrário, a emancipação por que se luta visa transformar o cotidiano das vítimas de opressão aqui e agora e não num futuro longínquo. A emancipação ou começa hoje ou não começa nunca.

Sendo assim, a *práxis* na construção da proposta interventiva para emancipação urgente dessa população encarcerada, via Instituto de Cultura e Consciência Negra Nelson Mandela, se desencadeia através de seus agentes, que atuam em frentes multidisciplinares, com interferência direta na visibilização da/o presa/o. Para tanto, é necessário reconhecer as lutas antirracistas travadas para a continuidade da atuação com a população carcerária, que é, em sua maioria, negra.

O PRESO PEDE SOCORRO: SURGE O INSTITUTO DE CULTURA E CONSCIÊNCIA NEGRA NELSON MANDELA

Neste momento, é imprescindível considerar que a articulação para criar o Instituto de Cultura e Consciência Negra Nelson Mandela se deu em meio à efervescência política dos movimentos negros no Brasil entre as décadas de 1980 e 1990, num momento favorável para que a sociedade civil pudesse compor diálogo com as instâncias governamentais, oportunizando políticas públicas para a população negra. Sobre esse aspecto, Nilma Lino Gomes (2017, p. 21) nos indica que:

> O Movimento Negro conquistou um lugar de existência afirmativa no Brasil. Ao trazer o debate sobre o racismo para a cena pública e indagar as políticas públicas e seu compromisso com a superação das desigualdades raciais, esse movimento social ressignifica e politiza a raça, dando-lhe um trato emancipatório e não inferiorizante.

Segundo a pesquisadora, a luta do Movimento Negro para ressignificar a raça questiona a construção histórica brasileira e visibiliza as narrativas negras a partir de outros instrumentos de atuação política — ou seja, novos enunciados e instrumentos teóricos, ideológicos, políticos e analíticos são elaborados de modo a explicar o racismo brasileiro, que atua na estrutura do Estado e no cotidiano das pessoas (Gomes, 2017).

Está fora do imaginário coletivo pensar as lutas antirracistas no Brasil sem considerar a atuação fundamental que esses movimentos sociais construíram ao longo das últimas décadas. Especificamente, destaca-se o Movimento Negro, cuja essência está nas reivindicações e estratégias que nos remetem a pensar nas proposições e conquistas valorosas para as/os sujeitas/os negras/os. Segundo Petrônio Domingues (2007, p. 101-102):

> Movimento negro é a luta dos negros na perspectiva de resolver seus problemas na sociedade abrangente, em particular os provenientes dos preconceitos

e das discriminações raciais, que os marginalizam no mercado de trabalho, no sistema educacional, político, social e cultural. Para o movimento negro, a "raça", e, por conseguinte, a identidade racial, é utilizada não só como elemento de mobilização, mas também de mediação das reivindicações políticas. Em outras palavras, para o movimento negro, a "raça" é o fator determinante de organização dos negros em torno de um projeto comum de ação.

Dentro do panorama de localização do Movimento Negro na sociedade brasileira, ressignifica-se a atuação política e crítica promovida com e pelas pessoas negras, como forma de almejar a libertação em diferentes vertentes de atuação. O movimento se ramifica não somente na política mas também na religião, na cultura e nas instituições e organizações que visam à promoção da igualdade étnico-racial, caso do Instituto Nelson Mandela.

Não farei uma ampla discussão sobre o Movimento Negro no Brasil, mas é importante contextualizar esse movimento social como poderoso instrumento reivindicatório que impulsiona as ações do Instituto Nelson Mandela, a partir de seus atores principais: José Carlos Brasileiro e a professora Vanda Ferreira, ativista do Movimento Negro. As dimensões e os contornos desenvolvidos ao longo da existência da instituição revelam sua potência para a garantia dos Direitos Humanos em prol da população carcerária.

Destaco, portanto, a educação como o campo escolhido para tecer a reflexão sobre a referida instituição e contribuir para os estudos das ciências humanas, em diálogo com o seu contexto histórico, político e social, dentro e fora do ambiente carcerário. É fundamental identificar as principais questões discutidas, os sujeitos e os parceiros em comum que unem os organismos institucionais em prol da comunidade encarcerada. As informações que serão apresentadas foram observadas a partir da análise de documentos como o estatuto, o livro de registros gerais, projetos, materiais publicados, material bibliográfico diverso, além de informações obtidas nas entrevistas.

O ICCNNM foi concebido como uma tentativa de implementar atividades relacionadas aos movimentos sociais, em especial o Movimento

Negro, junto aos detentos do sistema prisional na cidade do Rio de Janeiro, conforme mencionado anteriormente. O Instituto era, então, uma oportunidade de mostrar à sociedade e às autoridades penitenciárias que os presos, embora fossem em sua maioria sujeitos negros e segregados, poderiam — e deveriam — ser sujeitos de direitos. Os fundadores da entidade almejavam levar melhores condições de sobrevivência à "massa carcerária" e queriam tornar aquele espaço de privação de liberdade visível e aceito, além de trabalhar em prol do desencarceramento. A educação em espaço não formal a partir das atividades culturais, dos diálogos com as autoridades prisionais, da profissionalização dos sujeitos encarcerados, era, para o grupo, a grande solução contra a opressão e o racismo dentro e fora do espaço prisional.

Diante de tais circunstâncias, com base em uma agenda emergente, pautada pelo Movimento Negro, em 18 de julho de 1989, no interior da Penitenciária Lemos de Brito, o Instituto foi fundado. O Instituto é considerado a primeira presença oficial do Movimento Negro dentro das penitenciárias da América Latina, ou seja, é a primeira entidade negra de defesa dos presos no Brasil, composta por líderes encarcerados, assim como contou José Carlos Brasileiro, que atuou como presidente da instituição nos últimos 31 anos.

O objetivo primordial da instituição, segundo seus idealizadores e documentos oficiais, é defender os direitos das/os presas/os e de seus familiares, prestando assistência jurídica, social, educacional, técnica e cultural. Ao longo dos anos, a instituição carrega seu lema principal: a luta pelos direitos humanos e sociais dos presidiários e egressos prisionais, em prol de uma plena e menos danosa "reintegração à sociedade". Nesse sentido, a discussão racial foi fundamental para suscitar a reflexão sobre a definição dos papéis sociais fora e dentro do cárcere. Conforme declarações dadas nas entrevistas concedidas pelos integrantes do ICCNNM, as lutas por demandas históricas do povo negro estavam associadas aos negros encarcerados, considerando-se o grande número de negros encarcerados no Brasil e a dupla discriminação sofrida por esses sujeitos.

A instituição é marcada por fases importantes, perceptíveis ao longo de sua existência: a que antecede o Instituto em si, quando foram realizados os encontros e preparativos para o início das atividades; a fase na qual o ICCNNM permaneceu em funcionamento dentro da penitenciária como um movimento social — enquanto Movimento Negro organizado informalmente —; e aquela na qual o Instituto foi estabelecido fora dos muros da prisão e ganhou o status de organização sem fins lucrativos.

Todas essas fases, é importante informar, não se esgotam em si mesmas, pois há um ciclo em permanente continuidade. O Instituto sempre foi orientado por um estatuto que estabelece a "hierarquia da organização". Inicialmente, orientações, encaminhamentos e demais registros eram escritos no livro de ata de reuniões, comemorações e eventos.

> Eu tenho um livro aí, se vocês depois quiserem ver, o livro histórico da Fundação do Instituto, eu tenho ele aí. Foi o Fernando Gabeira, no dia do meu aniversário, Lucélia Santos, tinha muita gente famosa, muitos eventos, visitas, palestras, muita coisa, aquilo foi uma escola, e tá tudo aí no livro (Brasileiro, 2016).

Tal livro, de capa dura e preta, é semelhante aos de registros e de atas e foi restaurado duas vezes ao longo desses anos para que fosse preservada a memória do Instituto. Nele estão registradas todas as atividades culturais, atas de reuniões e assinaturas de todas as pessoas que participaram dos eventos, dentro e fora da cadeia. São registros de grande relevância quando se demonstra cronologicamente o desenvolvimento do ICCNNM. Através dessas anotações, conhecemos uma forma outra de pensar os processos educacionais, em que há uma percepção de colaboração mútua entre os sujeitos envolvidos. Em sua primeira página, visualizamos o primeiro registro em ata de abertura, datada de 29 de agosto de 1989, na qual consta a descrição da finalidade do livro:

> O presente livro, pertence a este instituto, possui páginas numeradas de n° 21 à 200, e servirá para coletar as assinaturas das pessoas presentes em nossas reuniões e as demais atividades culturais, pedagógicas, desportivas e sociais, como uma prova documental para testemunhar a participação

> de cada elemento do dia da sua presença em função dos nossos ideais de preservação racial, ampliação cultural e desenvolvimento social, diante do que está estabelecido nos nossos parâmetros de harmonia moral e coletiva (Instituto de Cultura e Consciência Negra Nelson Mandela, 1989, p. 21).

Por meio desse documento, foi possível perceber o momento em que a penitenciária possibilitou a abertura de algumas portas para que a sociedade pudesse ultrapassar seus muros com ações propositivas. Entre visitas de estudantes universitários e autoridades estatais, o Instituto foi tomando forma e ensejou determinadas desestabilizações internas na estrutura educacional do sistema prisional como um todo.

O fortalecimento do núcleo educacional formal a partir das atividades do Instituto é um dado histórico importante. Em entrevista, a professora Vanda Ferreira descreve brevemente a situação educacional carcerária à época e a colaboração do Instituto nesse núcleo direcionado à educação formal:

> Aquelas professoras sofriam toda e qualquer discriminação, era uma escola ainda hoje para inglês ver, porque se a unidade prisional, numa unidade prisional onde tinham seiscentos presos e a escola só comportava 50 alunos, 25 pela manhã e 25 à tarde sem ter o direito a estudar à noite, estavam brincando de educação. E muitos dos alunos que procuravam a escola era uma forma alternativa de sair daquele local, mas o trabalho eficaz daquelas professoras permitia que abrisse um novo horizonte para eles e elas, para todos os encarcerados. Mas se o cárcere inteiro quisesse estudar não teria espaço. Não sei se o Brasileiro tem noção disso, de que corpo docente da escola paralelo ao Instituto Mandela tem essa iniciativa de fortalecimento das educadoras (Ferreira, 2016).

Antigamente, as escolas estaduais que funcionavam nas unidades prisionais não tinham patrono e eram identificadas pelos nomes dos presídios dos quais faziam parte, o que, devido aos diplomas expedidos com nome do presídio, contribuía para estigmatizar futuros egressos e até mesmo o corpo docente. Essa realidade foi modificada posteriormente com a pressão exercida pela comunidade escolar, com apoio do Instituto Nelson Mandela. O andamento para o projeto de remição de pena pelos estudos e a possibilidade de os internos prestarem o vestibular são realidade hoje, com a contribuição e os desdobramentos das ações do Instituto Nelson Mandela, segundo a professora Vanda Ferreira.

A institucionalização de fato do Instituto de Cultura e Consciência Negra Nelson Mandela, porém, deu-se apenas alguns anos depois, datada de 18 de agosto de 1993, na ata de assembleia de constituição da sociedade civil sem fins lucrativos. No documento oficial, havia o presidente, o secretário geral, a diretora cultural, o diretor de esportes, o diretor do material, o relações-públicas e o assistente da direção. A diretoria era composta por oito pessoas, sendo uma delas a presidenta de honra do Instituto.

A organização era composta pelos líderes detentos da Penitenciária Lemos de Brito, com exceção da presidenta de honra, que era a diretora de educação do sistema penitenciário do Rio de Janeiro à época. As reuniões aconteciam às segundas-feiras no gabinete da diretoria da penitenciária. Embora houvesse despesas fixas, os membros não tinham como contribuir financeiramente para sustentar a organização, logo dependiam de doações das instituições parceiras. Por se tratar de uma organização dentro de uma instituição estadual, toda e qualquer contribuição era voluntária, geralmente com a finalidade de promover eventos educacionais para os detentos.

Atualmente, o Instituto conta com alguns membros associados e filiados, tanto pessoas físicas quanto jurídicas, que geralmente são os familiares dos detentos ou egressos penitenciários que constam nas fichas cadastrais. Poucos membros colaboram financeiramente, revelando as dificuldades diárias para manter as atividades cotidianas. A instituição, então, sobrevive primordialmente de serviços voluntários dos colaboradores, jovens profissionais das áreas jurídicas e das ciências humanas.

As ações desenvolvidas pelo ICCNNM estão inseridas nas seguintes áreas e especificações, segundo seus arquivos organizacionais:

- Jurídico: Realizam-se acompanhamentos processuais e diligências pertinentes aos casos individuais dos assistidos, de acordo com a Lei

n. 7.210/1984 — Lei de Execução Penal —, que trata dos direitos dos apenados em cumprimento da pena sentenciada no estabelecimento prisional, dos direitos garantidos constitucionalmente aos certames jurídicos penais e processuais penais. Verificam-se as possibilidades de progressão de regime, livramento condicional, habeas corpus, indulto, auxílio-reclusão, entre outros direitos garantidos por lei.

- Social: Presta-se auxílio para o encaminhamento aos serviços públicos de saúde, orientação familiar e psicológica, auxílio para cadastro em programas de apoio assistencial, tais como o Bolsa Família. A partir do interesse daqueles que procuram o ICCNNM, é possível obter encaminhamento para cursos profissionalizantes e para o mercado de trabalho.
- Educacional: Desenvolvem-se projetos educacionais para os internos das unidades prisionais femininas e masculinas através das parcerias existentes entre colaboradores e entidades e provê-se assistência educacional no que tange às matrículas escolares e universidades. Busca-se um processo de formação educacional através das cartas recebidas e respondidas pelos membros do ICCNNM.
- Entretenimento, cultura e cidadania: Realizam-se palestras educativas sobre direitos, ética e cidadania. São exibidos filmes motivacionais e de lazer aos internos das unidades prisionais.

Para atingir esses objetivos, que são ideológicos e políticos, o ICCNNM utiliza algumas estratégias, entre as quais está a inserção contínua nos espaços sociais e políticos. Suas ações, portanto, pretendem suprir algumas deficiências estatais no que tange ao tratamento dos encarcerados. Compensar a morosidade da justiça, reivindicar garantia dos direitos humanos e acesso à cidadania e afins são exemplos das ações pretendidas pelo Instituto.

O sucesso na composição da rede de solidariedade revela sua influência multifacetada. Para o fortalecimento da instituição, foi fundamental a participação das lideranças que compunham o presídio, desde diretorias governamentais até líderes das facções criminosas; principalmente, foi essencial o vínculo com as atividades importantes que envolviam o Movimento Negro à época. Dessa maneira, os membros buscaram apoio de outras entidades e lideranças que fossem sensíveis à causa, para continuar retroalimentando as atividades do Instituto.

Atualmente, algumas parcerias institucionais estatais são importantes, bem como o reconhecimento de outras organizações sociais imprescindíveis para a continuidade desse trabalho. O ICCNNM é membro do Conselho Estadual de Defesa dos Direitos Humanos (CEDDH); do Comitê Gestor Estadual de Erradicação do Sub-registro Civil, de Nascimento e Ampliação de Acesso à Documentação Básica; membro também da Rede de Atenção às Pessoas Egressas do Sistema Prisional (Raesp); inscrito no Conselho Municipal de Assistência Social da Cidade do Rio de Janeiro (Cmas); membro do Comitê Estadual de Combate e Prevenção à Tortura da Assembleia Legislativa do Estado do Rio de Janeiro (Alerj); e inscrito no Conselho Municipal de Defesa dos Direitos do Negro da cidade do Rio de Janeiro (Comdedine). Esses importantes espaços sociais foram ocupados a partir do reconhecimento e da credibilidade do ICCNNM frente à ação social que desenvolve.

No que tange aos aspectos judiciais e penitenciários, existe parceria com a Defensoria Pública Estadual do Rio de Janeiro e convênio de cooperação técnica com a Secretaria de Estado de Administração Penitenciária do Rio de Janeiro (Seap). Com essas parcerias, foram estabelecidos vínculos que auxiliam na atuação e impulsionam as demandas do Instituto.

Dois projetos relacionados à educação no espaço de privação de liberdade se mantiveram em andamento durante o ano de 2017: o Pré-Enem Nelson Mandela e o Projeto Moda Inclusiva Renner. O primeiro, iniciado em 2016 na Penitenciária Lemos de Brito, em parceria com a coordenadora do projeto, que é a assistente social do ICCNNM, tem como prioridade oferecer curso preparatório para os presos que pretendem se submeter ao Enem e pleitear uma vaga nas universidades. O objetivo é auxiliá-los nessa etapa tão importante em que estão almejando passos futuros.

Quanto ao projeto de moda "Uso diferente, consumo consciente", aprovado pelo edital 2016 do Instituto Lojas Renner/ONU Mulheres, iniciado no ano de 2017, a intenção era qualificar 20 mulheres presidiárias em regime semiaberto do Instituto Penal Oscar Stevenson, em Benfica, no estado do Rio de Janeiro. Foi idealizado pela designer de moda Maria Gomes,[21] em parceria com o Instituto Nelson Mandela, com o apoio da Seap.

Segundo informações da coordenadora, o projeto ofereceu curso de capacitação com palestras sobre história e marketing de moda, psicologia de consumo, questões de gênero e raça, e sustentabilidade, além de aulas teóricas de matemática, português e empreendedorismo, e aulas práticas de molde, corte e costura, bordado em pedraria, crochê, tingimento e estamparia manual, finalizando com oficinas que propuseram a reutilização de roupas e materiais têxteis para confecção com novos usos para o vestuário feminino e masculino. A proposta era promover a autoestima, empoderar a partir da formação educacional e habilitar as mulheres envolvidas para o mercado de trabalho.

O ICCNNM conta com uma organização interna permanente, capaz de estimular a ação coletiva entre os envolvidos em prol dos direitos humanos para a comunidade carcerária. Contudo, enfrenta muitas dificuldades institucionais e operacionais, pois é uma instituição direcionada aos direitos dos sujeitos encarcerados e sofre com as estigmatizações direcionadas ao segmento. Segundo José Carlos Brasileiro, o Instituto nunca contou com apoio financeiro estatal e somente no ano de 2016 conseguiu uma parceria privada, a qual ajuda no custeio das despesas.

Ao observar esse campo de estudos neste momento, é possível acreditar na extrema importância de reconhecer o ICCNNM como uma instituição do Movimento Negro, uma vez que as ações se encontram na arena de disputa com fortes assimetrias de poder. O trabalho desenvolvido por Brasileiro, voltado para a efetividade dos direitos humanos, sustenta-se por uma "bandeira" direcionada para os sujeitos encarcerados, portanto pode estar em conflito com as forças hegemônicas estabelecidas, algo que nos obriga a pensar nos objetivos da pesquisa.

21 Nome fictício.

SABERES LOCALIZADOS NO AMBIENTE PRISIONAL

Inicialmente, para melhor compreender os elementos estruturantes da pesquisa e os dados empíricos apreendidos, foi necessário alcançar os conhecimentos fundantes que permeiam a história do Instituto Nelson Mandela. Isso se deu não somente pelos dados documentais mas também pelas narrativas das/os sujeitas/os que o constituem como organização não governamental que trabalha em defesa dos sujeitos encarcerados e egressos penais.

Nesse momento, faz-se necessário privilegiar a interlocução com os atores entrevistados, que compõem o campo de pesquisa e enriquecem as percepções sobre o Instituto Nelson Mandela. As tensões, as alegrias e o movimento de transformação em busca da constituição do Instituto são constantes e estão enredados pela sua resistência, que aposta na proposta contra-hegemônica para os sujeitos encarcerados.

Como já mencionado, as entrevistas foram realizadas em momentos distintos, tanto com as/os agentes principais que colaboraram para a fundação do Instituto quanto com as/os colaboradoras/es que participaram em fases diferentes ao longo dos últimos 28 anos. Assim, o objetivo deste capítulo é evidenciar algumas tramas da trajetória histórica e política que sugerem a importância do Instituto Nelson Mandela no cenário social, penitenciário e educacional do estado do Rio de Janeiro, a partir da enunciação da luta antirracista em espaço *outro* — no caso, o espaço penitenciário e o que a ele esteja referenciado.

Para potencializar os processos desenvolvidos pelo Instituto, reporto-me à fase inicial de sua constituição, ainda como expressão do Movimento Negro dentro da penitenciária Lemos de Brito, a partir de 1989, até o momento de sua constituição como organização não governamental, em 1993, dialogando com sujeitos que colaboraram para sua formação. Logo em seguida, trago a narrativa da contemporaneidade por meio das entrevistas com alguns jovens colaboradores que ajudaram na permanência das atividades do Instituto.

Os depoimentos, considerados com base nas entrevistas realizadas, compõem um quadro, juntamente com o livro de registro (com dados da fundação do Instituto), o projeto pedagógico (que norteia as ações desenvolvidas) e as reportagens, que demarcam a atuação ao longo dos anos.

REINVENTANDO O ESPAÇO DA CADEIA

Complementando o pensamento sobre o sujeito encarcerado e a sujeição às regras institucionais a ele impostas, identifica-se o processo disciplinar a operar como um sistema de poder nas instituições carcerárias, de acordo com a análise de Michel Foucault em *Vigiar e punir*:

> Uma "anatomia política", que é também igualmente uma "mecânica do poder", está nascendo; ela define como se pode ter domínio sobre o corpo dos outros, não simplesmente para que façam o que se quer, mas para que operem como se quer, com as técnicas, segundo a rapidez e eficácia que se determina. A disciplina fabrica assim corpos submissos e exercitados, corpos "dóceis" (Foucault, 2013, p. 133).

A invenção do poder disciplinar constitui um poderoso instrumento para que se alimente a máquina institucional carcerária diante do controle almejado com os corpos encarcerados, secularmente presentes no sistema carcerário brasileiro e mundial. Dessa maneira, forma-se, segundo Foucault (2013, p. 133), uma "[...] política das coerções que são um trabalho sobre o corpo, uma manipulação calculada de seus elementos, de seus gestos, de seus comportamentos".

Ao pensar sobre os sujeitos que estão presos, é necessário considerar a lógica do funcionamento hegemônico. Na literatura sobre o tema, aprende-se como se criam as regras e os mecanismos eficazes para a manutenção do *ethos* da subalternidade. Com a proximidade das narrativas das/os entrevistadas/os, entende-se como forjaram sua performance intelectual-ativista.

Também foi possível perceber o caminho percorrido até o nascimento desse espaço institucional. Além disso, por entender que o objeto deste estudo de pesquisa se alinha aos processos coletivos para a construção de saberes para a população carcerária, é urgente e necessário o deslocamento dos padrões eurocêntricos a partir de pedagogias que se esforcem para transgredir. Assim como indica Walsh (2009, p. 27):

> Nesse sentido, a pedagogia ou as pedagogias decoloniais estariam construídas e por construir em escolas, colégios, universidades, no seio das organizações, nos bairros, comunidades, movimentos e na rua, entre outros lugares [...]. Aquelas pedagogias que integram o questionamento e a análise crítica, a ação social transformadora, mas também a insurgência e intervenção nos campos de poder, saber e ser e na vida [...].

O projeto que instituiu o ICCNNM foi alavancado coletivamente. Seu idealizador contou com as "brechas" (Melo, 2014) que o sistema penitenciário lhe oferecia à época para oportunizar contatos e construir redes sólidas com os agentes estatais que compunham aquele espaço. Daí o encontro com a professora Vanda Ferreira, que era diretora do Departamento de Educação e Cultura Penitenciária e militante do Movimento Negro. Como conta Brasileiro:

> Naquele espaço tinham oitocentas cadeiras de cinema, cinema enorme, telão, e quando eu cheguei lá para ver a diretora, a diretora estava com o cabelo cortado afro, usava aquele brinco com aquelas negra beiçuda, e olhei e falei: essa negra aí é do movimento. Esperei ela acabar de falar. Nesse período fui lá no meu cubículo e peguei a carta, desci com a carta, quando ela acabou, eu falei: eu poderia falar com a senhora? E ela disse sim. Eu falei: eu recebi essa carta aqui e não sei o que fazer (Brasileiro, 2016).

Ouso dizer que a identidade foi um dos aspectos fundantes para que o encontro relatado anteriormente pudesse acontecer. Num pequeno instante de identificação e com a perspectiva de mudança de paradigma, surge a esperança necessária para que se possa agir. Nesse momento, evidencia-se uma analogia com os conceitos apresentados por Frantz Fanon em *Os condenados da terra*, quando o autor evidencia a violência imposta ao colonizado pelo colonizador, que pretende usar de artifícios para animalizar e desumanizar o colonizado. Nessa trama, retoma-se a consciência do colonizado para que ele possa lutar rumo à descolonização. Portanto, vejamos:

> O colonizado sabe de tudo isso e dá uma gargalhada cada vez que aparece como animal nas palavras do outro. Pois sabe que não é um animal. E justamente, no instante mesmo que descobre sua humanidade, começa a polir as armas para fazê-la triunfar (Fanon, 1979, p. 32).

A dinâmica das práticas desumanizantes existentes nas prisões brasileiras frente aos sujeitos encarcerados conecta-se ao espectro dos sujeitos colonizados. Entretanto, ao conhecer brevemente a trajetória de vida de Brasileiro, mesmo marcada pela opressão vivenciada no cárcere, nota-se que ele foi capaz de criar modos outros de resistência à colonialidade em nossa sociedade.

VIDA, TRAGÉDIA, (RE)EXISTÊNCIA: QUEM FOI JOSÉ CARLOS BRASILEIRO?

Brasileiro, como é mais conhecido, foi um homem negro nascido em 15 de março de 1957 no bairro da Tijuca, Zona Norte da cidade do Rio de Janeiro, que cresceu numa família de classe média. Seu pai, Izeiti Leone da Silva Brasileiro, era comerciante, e sua mãe, Celina do Nascimento Silva Brasileiro, assumiu os cuidados do lar e o desafio de criar seus dois filhos. Brasileiro tinha um irmão gêmeo chamado José Cláudio do Nascimento Silva Brasileiro. José Carlos era solteiro e foi pai de uma única filha, Celina Sthefany da Costa Brasileiro, por quem esperançava.

Na juventude, estudou em colégios públicos e particulares e começou a trabalhar antes de completar 18 anos, incentivado pelo pai. De forma saudosa, declarava que gostava de fazer bagunça e se divertir como podia com os amigos. Brasileiro era extrovertido, sedutor, brincalhão, dono de uma fala marcante e de um sorriso que refletia alegria. Ele gostava de encarar a vida como ela é — mas, com uma pitada de humor, envolvia todos em defesa de suas lutas. Foi um homem marcado e criminalizado por sua negritude. Sua primeira passagem pelo sistema penal foi aos 16 anos de idade, após ter sido apreendido por falsificar fichas do fliperama com plaquinhas de chumbo junto com seus amigos. Naquela ocasião, ficou detido na 19ª Delegacia de Polícia enquanto os amigos brancos foram liberados.

Alimentou o sonho de trabalhar para a TV Globo na década de 1970: "Eu batalhei para trabalhar pra Globo. Em toda oportunidade pedia emprego. Era *status* trabalhar na TV Globo e era o que eu queria. Eu ficava lá em frente ao portão principal todos os dias" (Carvalho, 2012, p. 21). Depois de diversas investidas, conquistou o emprego na TV Globo para exercer o cargo de zelador, ocupação que lhe trouxe a frustração da discriminação racial. Além da zeladoria, era faxineiro, jardineiro, entre outras funções, até que conseguiu uma oportunidade para laborar como eletricista, função esta que lhe rendeu desavenças com colegas de trabalho e o encaminhou para a criminalização na idade adulta.

Brasileiro foi preso por furto e porte ilegal de armas num crime que ficou conhecido como "o roubo das televisões da TV Globo". Ele envolveu-se num furto de televisões da emissora, a partir de uma emboscada que vitimou o seu irmão gêmeo idêntico, assassinado em seu lugar pela sede de vingança daqueles envolvidos nesse caso. Brasileiro perdeu o irmão e começou a responder ao processo criminal em liberdade até a expedição de sua prisão provisória, quando foi encaminhado para o Presídio Ari Franco, em Água Santa, no Rio de Janeiro, uma cadeia de segurança máxima à época: "Fui colocado na galeria A, subterrânea. Era um lugar tenebroso. Paredes úmidas, ratos, baratas. Eram uns quarenta presos na cela. Dormíamos no chão..." (Carvalho, 2012, p. 32).

Depois de dois meses preso, conseguiu um habeas corpus para responder ao processo em liberdade, momento em que foi para a cidade de São Paulo. Lá refez amizades, conseguiu emprego e conviveu com seu grande amor, chamada Lili, a mulher que lhe deu abrigo e condições de seguir uma vida dignamente. Brasileiro, com sua característica boêmia e sempre cercado por muitas pessoas, se envolveu em confusão na festa que acontecia em um dos bairros nobres de São Paulo, culminando na segunda condenação criminal de sua vida e no retorno para a prisão. Foi detido por agressão, acusado de tentativa de assalto injustamente, condenado a 1 ano e 8 meses de prisão e encaminhado para a Casa de Detenção de São Paulo (antiga Carandiru). Cumpriu sua pena preso e, quando "ganhou" liberdade, voltou para o Rio de Janeiro, quando soube do falecimento do pai.

No Rio de Janeiro, tentou reconstruir a vida, voltou a trabalhar formalmente, mas já estava sendo procurado pela polícia para cumprir a pena no processo do crime de furto anteriormente citado. Brasileiro recebeu seu mandado de prisão no horário de expediente da empresa onde trabalhava à época. Naquele instante, inaugurou-se uma terrível fase na vida de Brasileiro, que perdurou durante os longos 16 anos em que esteve privado de sua liberdade.

Brasileiro foi condenado a 12 anos de prisão, mais dois anos de medida de segurança, perfazendo 14 anos de pena. Porém, acrescentaram mais cinco anos e cinco meses por um roubo de automóvel que ele nunca cometera. Segundo Brasileiro, colocaram mais "um crime em sua pele" na ficha criminal para acrescer sua pena.

O desenrolar da trajetória criminal de Brasileiro, os crimes não cometidos e as penas altas pelos crimes que foram julgados são o retrato da criminalização da pobreza e do controle social punitivo exercidos pelo sistema penal sobre determinados corpos, direcionados aos corpos negros indesejáveis à sociedade hegemônica. A vida de Brasileiro é o retrato do projeto colonial do país, que legitima a posição do Brasil como a terceira população carcerária mais numerosa no mundo.

Brasileiro, quando relembrava sua trajetória dentro do cárcere, seus processos de (re)existência e sua busca pela garantia dos direitos humanos, nos ensinava a partir de suas experiências, entre táticas e práticas, a necessidade de enxergarmos a população carcerária de outra forma, com humanidade e dignidade de direitos. Sempre demonstrou uma preocupação consigo mesmo e com o outro, a partir da busca constante pelo conhecimento enquanto estava cumprindo pena, ao relatar que começou a escrever cartas junto com um companheiro de cela:

> Eu escrevia carta porque eu conhecia um estagiário de Direito, fazia parte da mesma cela que eu, Libertino,[22] até um nome bem sugestivo, ele chegou com o Código Penal, Código de Processo Penal, e eu perguntei a ele o que ele era, se ele era advogado, e ele falou que não e que era estagiário e que tinha cometido um delito do artigo 171 e por isso que ele estava lá. Mas uma coisa me chamou atenção, foi quando ele falou para mim: Brasileiro, você tá vendo esse livro aqui? Era o Código Penal. E ele falou assim: esse livro aqui é o mesmo que prende, mas ele também é o mesmo que solta. Quando ele disse isso, me despertou o interesse em buscar a minha liberdade, aí ficamos grandes amigos, ele começou a escrever cartas, recurso para preso, e eu era auxiliar dele, e aquela coisa foi indo, foi indo... e depois ele foi embora e me deixou como herança aqueles livros. Ele falou: Brasileiro, vou te deixar uma fortuna, de presente para você. Que era o Código Penal, esses livros,

22 Nome fictício.

né, livros jurídicos, e aí eu dei continuidade ao que nós fazíamos, continuei escrevendo as cartas para os presos [...] (Caderno de entrevistas,[23] 2016).

Escrevendo cartas, Brasileiro se tornou um preso conhecido por toda a comunidade carcerária, cumprindo 16 anos de pena em vários presídios no estado do Rio de Janeiro. Sempre muito descontraído, com seu diálogo que não nos deixa esmorecer diante das tensões que se apresentam frente ao sistema carcerário, Brasileiro concluiu o Ensino Médio antes de ser preso. Considerado letrado naquele espaço de confinamento, conseguiu traçar táticas para sobreviver no ambiente carcerário através da educação, ensinando, aprendendo e reaprendendo com o cotidiano da cadeia.

Escreveu cartas, trabalhou como "faxina"[24] em vários estabelecimentos e, principalmente na área educacional, teve a oportunidade de ministrar aulas de alfabetização para outros presos, a partir do projeto de alfabetização conhecido como Mobral.[25] A partir dessas práticas, Brasileiro também adquiriu o respeito dos demais internos e das lideranças que compunham as "falanges criminosas" no estado do Rio de Janeiro à época.

Após cumprir parte da pena no Presídio Ary Franco, Brasileiro foi transferido para a Penitenciária Lemos de Brito, no antigo complexo penitenciário Frei Caneca, conhecido como Casa de Correção da Corte, no Rio de janeiro:

---

23 Acervo pessoal de entrevistas realizadas em junho de 2016.

24 Detento que desenvolve alguma atividade de auxílio aos agentes penitenciários. Brasileiro exerceu funções diferenciadas, como "faxina", em várias penitenciárias, e em uma delas foi "faxina" da jurídica, ou seja: "Pegava prontuário, buscava preso, fazia a saída. Na cadeia você tem que ter serventia de alguma coisa que possa ser útil aos companheiros no sentido da liberdade" (Carvalho, 2012, p. 43).

25 Segundo pesquisa disponibilizada pelo site institucional Educa Brasil, o programa foi criado em 1970 pelo governo federal com o objetivo de erradicar o analfabetismo do Brasil em dez anos. O Mobral propunha a alfabetização funcional de jovens e adultos, visando "conduzir a pessoa humana a adquirir técnicas de leitura, escrita e cálculo como meio de integrá-la a sua comunidade, permitindo melhores condições de vida". O programa foi extinto em 1985.

> E aí, quando eu cheguei na Lemos de Brito, eu fui morar na terceira galeria do terceiro pavilhão. Tinha duas televisões lá no presidio, uma ficava no rancho e a outra ficava circulando em todas as galerias, só que naquela semana a televisão estava na galeria que eu estava. Aí eu levantei cedo, liguei para ver o "Bom dia Rio", naquela época o Bom dia Rio oferecia café da manhã, tinha um negro e tinha um branco e eu achei que o negro era o repórter, ao contrário disso, era o negro que estava sendo entrevistado e esse negro falava que o negro não deveria ter entrada pela porta de serviço, que o negro não deveria ter vergonha de sua cor e da sua raça e que o negro não deveria estar superlotando as prisões, e sim as universidades. Aquilo mexeu comigo! Que eu sabia que eu era um negro que não era para estar ali onde eu estava (Caderno de entrevistas, 2016).

Brasileiro aponta a motivação-chave para que idealizasse um movimento contra-hegemônico dentro da prisão: "Eu gostaria de levar aquelas palavras a conhecimento do ambiente onde eu estava, para o coletivo que eu estava preso, mas a maioria ali onde eu estava era negra" (Caderno de entrevistas, 2016). Assim, por iniciativa própria, Brasileiro escreveu uma carta ao entrevistado Luther — à época, ele era o coordenador dos 100 anos do programa da Abolição da Escravatura pelo Ministério da Cultura e Presidente da Fundação Cultural Palmares[26] "parabenizando o Luther, por ser a pessoa que elera, que eu tinha visto a entrevista dele e que eu gostaria muito de poder botar em prática a conscientização da comunidade negra carcerária" (Caderno de entrevistas, 2016). Passou algum tempo e:

> aí me mandou, me parabenizando por essa iniciativa pioneira que seria criar uma instituição do movimento negro dentro de uma unidade prisional no Brasil e aquilo me deu uma animada muito grande porque, mas

26 Segundo informações disponibilizadas no site da instituição, no dia 22 de agosto de 1988 o Governo Federal fundou a primeira instituição pública voltada para promoção e preservação da arte e da cultura afro-brasileira: a Fundação Cultural Palmares, entidade vinculada ao Ministério da Cultura (MinC) e comprometida com o combate ao racismo.

logo em seguida eu acalmei, eu estava condenado a quase 20 anos e achei que aquilo ali... pô, num iria dar em nada!!! (Caderno de entrevistas, 2016).

Uma vez que relata não possuir expectativa de vida dentro do ambiente prisional, mesmo depois da resposta positiva de uma autoridade pública, é de extrema importância para esse contexto reverenciar o encontro de Brasileiro com a professora Vanda Maria de Souza Ferreira, que tem uma longa e importante história de vida associada à militância negra e à intelectualidade.

Em todas as falas relacionadas ao Instituto, coletadas durante a entrevista com Brasileiro, a professora Vanda Ferreira é apresentada como protagonista e peça-chave que possibilitou a criação do Instituto *intramuros* da penitenciária. Ela foi a "porta-voz" das reivindicações da massa carcerária com o poder público: "Sem ela, nada disso seria possível"[27].

No dia 12 de março de 2017, José Carlos Brasileiro faleceu em decorrência de grave enfermidade, informação relevante para esta pesquisa desenvolvida a partir do Instituto de Cultura e Consciência Negra Nelson Mandela, local onde Brasileiro atuou como líder durante 27 anos. Diante desse triste e novo acontecimento, muitos fatos emergiram e causaram incômodos, tensões e enfrentamentos em defesa da continuidade do legado de luta construído ao longo de todos esses anos, mas que não serão evidenciados nesse momento.

De todo modo, o reconhecimento da importância dos conhecimentos produzidos no espaço carcerário como válidos para os estudos científicos no campo da Educação, empreendimento desta pesquisa, é fundamental. Como consequência disso, este trabalho visibiliza a memória de um processo de grande relevância para a sociedade como um todo. Assim, seguem-se breves considerações sobre a entrevista com a professora Vanda Ferreira, como protagonista na fundação do Instituto Nelson Mandela.

27 Frase citada por Brasileiro em conversa informal, quando se refere à professora Vanda Ferreira na articulação para a fundação do ICCNNM.

À época da fundação do Instituto, Vanda Maria de Souza Ferreira era a diretora da Divisão de Educação e Cultura do Departamento do Sistema Penitenciário do Rio de Janeiro (Desipe) e militante do Movimento Negro. Nessa condição de "secretária de governo" e militante, foi possível o encontro com Brasileiro, que, segundo ela, "foi o encontro das águas". Ela se reconhece como a mãe espiritual de José Carlos Brasileiro, de acordo com sua orientação religiosa de matrizes africanas.

A respeito de sua formação, a professora Vanda Ferreira relata que é graduada em Pedagogia pela Faculdade Unisuam e pós-graduada em História da África e Cultura Afro-brasileira pela Universidade Candido Mendes (Ucam). Sua atuação profissional sempre esteve relacionada aos sujeitos menos favorecidos. Militante do Movimento Negro de longa data, assumiu alguns cargos públicos, contribuindo efetivamente para a defesa das populações afrodescendentes, e desenvolveu ações de grande relevância nacional para a educação étnico-racial.

Professora Vanda é uma mulher negra potente que, ocupando cargo de estado, modificou os rumos da educação penitenciária. A seguir são relatadas suas primeiras experiências como educadora dentro do sistema prisional:

> Eu chego ao sistema penitenciário em função de um projeto que eu coordenei na Secretaria Municipal de Educação no Departamento de Cultura, que foi o projeto Zumbi dos Palmares. O Projeto Zumbi dos Palmares visava implementar a história das civilizações africanas no curriculum escolar e eu digo que foi o passo fundamental para a criação da lei 10.639, isto é, segundo o Governo Brizola esse projeto tinha como objetivo um caráter experimental em sete escolas [...]. E no primeiro momento que eu chego ao cárcere, foi numa escola de Bangu, Esmeraldino Bandeira, naquele momento as escolas não tinham patrono, seus patronos eram o nome das unidades prisionais. E para falar sobre o projeto Zumbi dos Palmares, e ali também eu tive uma preocupação muito grande naquilo que eu falava no discurso como militante do movimento negro. A maioria daquela população era negra, e era um dezembro de muito calor, e essa unidade era a única escola, era a única unidade prisional que tinha de fato um prédio

> para ser escola, as outras escolas eram celas adaptadas em salas de aula. E no Esmeraldino Bandeira não, e naquele complexo todo de Bangu. Nós fomos todos para a varanda da escola por conta do calor porque ninguém aguentou ficar dentro da escola, e, à medida que eu fui falando da questão racial e que queria implementar essa lei, eu vi uma cena que estava cansada de ver na televisão: Eles, os presos, começavam a se amontoar nas celas e ficaram olhando para mim [muita emoção na fala]. Quando eu acabei, minhas colegas, que não passavam de dez professoras, era um grupo bem pequeno, ninguém bateu palma, e aqueles homens bateram uma palma forte, muito forte, aquilo mexeu comigo, e disse para mim que nunca mais entraria naquele lugar, que é muito triste você ter a constatação da realidade [Suspiro profundo e pausa de pesar] (Ferreira, 2016).

No fragmento anterior, a professora Vanda Ferreira relata o início de seu trabalho pedagógico dentro do sistema carcerário, revelando tensões e dificuldades encontradas no espaço de privação de liberdade. Sentindo-se desmotivada, não prosseguiu com o desenvolvimento do projeto designado pela Secretaria Municipal de Educação. Posteriormente, porém, Vanda foi ao encontro de outra oportunidade para desenvolver um projeto junto aos encarcerados:

> E aí achei que fui covarde, e que a única oportunidade que eu tinha de fazer um trabalho eu joguei fora, e que é igual a raio, e não vai cair duas vezes no mesmo lugar, mais cai, né? Hoje nós sabemos que cai, e eu fui convidada então para dirigir a Divisão de Educação e Cultura do Sistema Penitenciário (Ferreira, 2016).

Ao narrar a retomada das atividades educacionais voltadas para o cárcere, Vanda Ferreira revela, com motivação, o aceite do convite para tal responsabilidade, e traça a estratégia de conhecer o perfil dos educadores que estavam nas escolas penitenciárias, tomando a iniciativa de conhecer todos os estabelecimentos prisionais do estado do Rio de Janeiro. Conforme conta:

> E aí eu chego, com o seguinte planejamento: naquela época eram 23 unidades prisionais, incluindo cadeia aberta, cadeia fechada e hospitais, e eu queria conhecer tudo. Na minha cabeça, estava muito difícil administrar uma educação no cárcere onde eu não tivesse a dimensão do que era aquilo. E vou conhecer a primeira unidade na época do Nilton Dias Moreira, que era uma cadeia fechada, cadeia forte, mentora intelectual da facção mais famosa da cidade e do Estado do Rio de Janeiro, e eu já fiquei impactada. O cárcere me identificou. À medida que eu ia andando eles enfileiravam até chegar ao auditório, um preso perguntava se eu era do Agbara Dudu, do IPCN,[28] isso era muito forte, e eu digo: gente, uma identidade (Ferreira, 2016).

Após a visita mencionada, Vanda se afastou novamente, somente retomando as visitações após 30 dias. O reconhecimento de sua identidade racial entre os detentos foi muito impactante. Por isso, acredito que possa ter representado um chamamento ao encontro das atividades que iriam transcender suas atribuições institucionais, deslocando-se para o encontro com o outro a partir da raça, que era em sua maioria negra naquele espaço prisional.

Somente na segunda visita chegou à Penitenciária Lemos de Brito, onde conheceu Brasileiro e, a partir da carta que ele recebeu do Governo Federal, de Luther —"Luther fala para ele que estava à disposição, mas que aqui no Rio de Janeiro tinha uma professora militante do Movimento Negro que era muito importante, que ele entrasse em contato com essa professora"(Ferreira, 2016) —, Vanda tomou ciência da proposta que seria de sua competência: a criação de um projeto relacionado à educação étnico-racial e ao Movimento Negro. Porém, Luther não sabia que a professora que citava na carta estava assumindo a direção da educação penitenciária:

> E eu recebi uma orientação que não poderia receber nada da mão de preso, que eu não tivesse um diálogo mais aprofundado com eles, que várias

28 Instituto de Pesquisa das Culturas Negras.

> professoras foram pegas com isso e com aquilo. Eu não me recusei, quando vi que a carta era do Brasília ela era verde e amarela (Ferreira, 2016).

> Quando eu abri a carta, eu fiquei impactada, porque era como se o Brasileiro estivesse pedindo para criar uma instituição do Movimento Negro e o Luther está dando a resposta e tá me indicando, né? Saí dali, procurei o Movimento Negro para dar ciência e, a partir dali, ficou muito claro para mim que além de tá dando satisfação e obediência à Secretaria de Educação, que era a minha Secretaria de origem, à Secretaria de Justiça, que quem me convidou, mas fundamentalmente ao Movimento Negro. Não era somente uma professora, era um componente do Movimento Negro que estava representando a nível nacional um movimento social muito forte e os companheiros sem saber o que dizer. Disse que eu poderia contar com eles para tudo e contei [fala com muita ênfase] e contei, mas eles nem sabiam o quanto eles iriam me ajudar e contribuir (Ferreira, 2016).

A disponibilidade e a influência da professora Vanda Ferreira foram fundamentais para a fundação do Instituto: "A professora Vanda foi fantástica nesse apoio e não se limitou ao cargo que ela exercia no sistema, ela foi além ao longo de todo tempo. Ela foi fundamental" (Luther, 2017). Vanda relata que foi a primeira mulher negra a ocupar esse cargo na Secretaria de Educação, que normalmente era ocupado por pessoas relacionadas aos saberes jurídicos. Os presidiários enxergaram nela uma identidade diferenciada, que ocuparia um cargo de poder dentro da esfera penitenciária e que, para além de suas características raciais evidentes, também estava imbuída na militância negra.

Houve uma convergência de oportunidades. A professora Vanda Ferreira, em suas atribuições institucionais, recém-chegada à direção de educação penitenciária, precisava desenvolver um "projeto político pedagógico"[29] dentro da penitenciária, e Brasileiro, interno penal disposto a contribuir com o desenvolvimento de ações em prol dos encarcerados,

29 A professora Vanda informa que, àquela época, um projeto educacional não era validado especificamente como Projeto Político Pedagógico (PPP) — essa terminologia surgiu posteriormente.

articulou a criação do Movimento Negro dentro do cárcere com o aval institucional da direção do Presídio Lemos de Brito.

> E aí eu volto para conversar com o Brasileiro para saber o que ele entendia de movimento negro, como nós podíamos cruzar todas essas ideias com o projeto político pedagógico meu, senão não passaria, né? Aí eu aprendi também nessa convivência que, na cadeia, tudo se barganha e também percebi que eu precisava implementar a barganha do bem e o que nós vamos trocar por isso, né? E uma das coisas que eu troquei com ele foi o seguinte, eu não posso dizer que esse projeto é seu, eu vou escrever o que você está falando e vou dizer que o projeto é meu. Agora lá fora, para as entidades e as instituições de movimento negro, você é o autor do projeto e eu jamais vou falar por você. Todas as vezes que eu tiver que ir a algum encontro, algum evento, você vai escrever um texto, você e os outros colegas, e eu vou ler em nome de você, mas para as autoridades o projeto é meu (Ferreira, 2016).

Vanda Ferreira conta que, ao assumir a Divisão de Educação e Cultura da Secretaria de Estado de Justiça, em 1987, no Rio de Janeiro, propôs a realização do Projeto Zumbi dos Palmares na Secretaria Municipal de Educação do Rio de Janeiro. A proposta teve início em caráter experimental na Penitenciária Lemos de Brito, no Complexo Frei Caneca. O resumo do projeto serviu de base e fio condutor das atividades pedagógicas e culturais desenvolvidas, com a perspectiva metodológica inspirada pelo educador Paulo Freire. Iniciou-se, assim, o Instituto de Cultura e Consciência Negra Nelson Mandela. O documento detalhava seu objetivo principal:

> Deflagrar um processo de reconhecimento da cultura afro-brasileira como parte integrante da política cultural da Secretaria Municipal da Educação, de modo a promover a incorporação do saber emanado dessa cultura no currículo escolar.[30]

30 Objetivo do Projeto Zumbi dos Palmares, em aplicabilidade para a educação étnico-racial na prefeitura do Rio de Janeiro, que inspirou atividades pedagógicas e culturais dentro da Penitenciária Lemos de Brito.

A partir da formalização do projeto pedagógico e cultural, iniciaram-se as atividades do Instituto Nelson Mandela para o coletivo carcerário. Após várias reuniões semanais com Brasileiro e com os demais presos envolvidos naquela ação, chegou o momento de anunciar o projeto para toda a massa carcerária e para as autoridades. Segundo a professora Vanda Ferreira, no dia 13 de maio de 1989, dia da Abolição da Escravatura, foi organizada uma grande passeata dentro do Presídio Lemos de Brito para anunciar a inauguração do Instituto Nelson Mandela, que ocorreria no dia 18 de julho de 1989. Vejamos como ela própria analisa o episódio:

> A primeira ação do Instituto Mandela foi anunciar para toda a sociedade a sua existência. Nós colocamos nesse dia mais de 200 pessoas, num dia comum, onde a TV Globo soube explorar muito bem essa imagem porque ela coloca Winnie Mandela visitando Mandela e, num jogo de câmera, a festa da Lemos de Brito com a criação. A sensação que a gente tinha era que o cenário da Lemos de Brito era a cadeia do Mandela. Uma imagem belíssima, e aí toda a sociedade tomou conhecimento do que estava acontecendo (Ferreira, 2016).

A partir desse momento, as ações foram se desenvolvendo de forma intensa. Então foi criada uma organização entre os presos para que pudessem articular as ações que seriam desenvolvidas pelo Instituto. Inicialmente, todas as ações foram pensadas tomando como base a valorização da identidade étnico-racial.

POSSIBILIDADES "INSURGENTES" NA PENITENCIÁRIA LEMOS DE BRITO

O Instituto foi idealizado no final da década de 1980, marcada pelo final da ditadura militar no Brasil e pelo início do processo de redemocratização do país. As tensões estavam presentes naquele período. A sociedade repensava a construção da nação brasileira e emergiam novos desafios alternativos ao projeto hegemônico de construção da sociedade. No que tange às garantias dos direitos humanos, Mesquita Neto explicita que, em meados da década de 1980:

> As organizações não governamentais se centraram na denúncia às violações dos direitos humanos praticadas pelo governo federal e pelos governos estaduais, responsabilizando-os pelas violações dos direitos humanos. Prevalecia então uma situação de conflito e confronto entre o governo federal e as organizações não governamentais orientadas à denúncia, proteção e promoção dos direitos humanos (Mesquita Neto, 1997 apud Sacavino, 2008).

Não obstante o marco histórico comentado e as tensões frente às organizações não governamentais e ao governo do estado, os movimentos sociais, em especial o Movimento Negro, estavam se organizando, pleiteando políticas públicas direcionadas aos povos afrodescendentes.

> [...] foi o ano de 1988 [...]: comemorava-se o centenário da Abolição, o que motivou uma série de ações de protesto que denunciavam as condições de vida dos negros no país, e elaborava-se uma nova Constituição. Duas importantes reivindicações do movimento viraram texto constitucional — a criminalização do racismo [...] e o reconhecimento da propriedade das terras de remanescentes de quilombos [...] (Alberti; Pereira, 2010).

Após essa breve elucidação do contexto político brasileiro e dos movimentos que eclodiram na década de 1980, é relevante considerar, para o contexto desta pesquisa, a reflexão sobre as ações, os movimentos e as possíveis conquistas para a população negra nessa última década no Brasil, sobretudo no que concerne à educação e que revela mudanças importantes a que o Movimento Negro aspirou, tendo chamado para si a responsabilidade política educacional que reconstrói experiências sociais e produz conhecimento.

Sobre a experiência social que produz conhecimento, Gomes (2017, p. 28) salienta:

> Parte-se da premissa de que o Movimento Negro, assim como outros movimentos sociais, ao agir social e politicamente, reconstrói identidades, traz indagações, ressignifica e politiza conceitos sobre si mesmo e sobre a realidade social.

De acordo com Gomes (2017), o Movimento Negro emerge das urgências sociais que tensionam o mundo colonial, que destinou ao negro o apagamento de sua história e a definição de seus saberes como inválidos.

A partir dessas urgências, as práticas que visavam às mudanças de perspectiva para a população negra transformaram-se em importantes caminhos educacionais de luta antirracista, iniciados do final do século 19 até a atualidade, segundo Gomes (2017). Nilma Lino Gomes, em *O Movimento Negro educador: saberes construídos nas lutas por emancipação* (2017), aponta a trajetória do movimento de negras/os engajadas/os nas lutas antirracistas e emancipatórias para os grupos *racializados* na diáspora africana. Seu estudo pontua, principalmente, como o Movimento Negro articula saberes, transformando-os em reivindicações políticas *contra-hegemônicas.*

Como referenciado por esta pesquisa, e com o compromisso de elevar novas interrogações e percepções sobre o papel fundamental do Movimento Negro em interlocução com a educação, faz-se necessário um diálogo constante com as reflexões sobre os processos educacionais possíveis no universo das aprendizagens, na perspectiva da preservação da memória das ações fomentadas pelos sujeitos participantes desta pesquisa.

Retomando o foco para as entrevistas realizadas, entre gestos, risos, lágrimas e entonações particulares dos entrevistados, foi possível captar toda a emoção vivida naquele momento de reconstituição de suas memórias. Percebo que, para a análise sobre as categorias a serem investigadas, é primordial entender o contexto da fundação do Instituto à luz das entrevistas. Penso na percepção da identidade do negro no ambiente carcerário como uma possibilidade, ora para que motivasse a luta contra a opressão, ora como o corpo a ser enclausurado pelo Estado.

Brasileiro diz: "Me identifiquei como negro, que não deveria estar ocupando as prisões e sim os bancos da escola" (Brasileiro, 2016), e a professora Vanda Ferreira informa: "Fui identificada por aquele coletivo como integrante do Movimento Negro, ou seja, eu não era apenas uma diretora qualquer. Eu tinha uma identidade" (Ferreira, 2016). Com isso, ambos se remetem à identidade racial demarcada, que geraria enfrentamentos e tensões nas instituições penitenciárias. Sendo assim, ambos manifestam o desejo de iniciar um projeto de formação da consciência racial pautado na luta política antirracista e direcionado ao coletivo de presos à época dos anos 1980.

Segundo o pensamento da socióloga Maria Palmira da Silva (2002, p. 62):

> A consciência do eu, que surge da descoberta do significado social da cor da pele no processo de formação dos vínculos afetivos e sociais, favorece tanto a revolta pessoal quanto o engajamento político nas ações coletivas, visando reparar as injustiças decorrentes da atribuição social do estatuto inferior a um determinado grupo, em razão de suas características objetivas.

De acordo com as narrativas das/os entrevistadas/os, portanto, percebe-se que a tomada da consciência racial diante do sistema carcerário foi um requisito básico para o engajamento político na luta contra a opressão nesse ambiente, onde ambos estavam expostos às tensões próprias do contexto. Isso porque, mesmo que estivessem em posições hierarquicamente diferenciadas, uniram-se e travaram uma luta *contra-hegemônica* na Penitenciária Lemos de Brito, desafiando as dificuldades enfrentadas no cotidiano da penitenciária.

Nas vozes dos dois entrevistados, encontramos passagens atemporais que se entrelaçam entre passado, presente e futuro. Suas falas se transformam em textos que revelam fragmentos de uma história real e vivida. Nas histórias narradas, noto uma trajetória repleta de desafios, sonhos compartilhados, lutas, redes de solidariedade, disputas, frustrações e conquistas, que vêm sendo buscadas por ativistas de diversas vertentes dos direitos humanos. A possibilidade de insurgência e a mobilização do Movimento Negro se fazem importantes na construção da pedagogia *decolonial* em espaço *outro,* ou seja, dimensionado ao espaço educativo penitenciário.

O desenvolvimento histórico-político do Instituto Nelson Mandela não se esgota nessas breves considerações. Seria necessário um estudo aprofundado sobre essa instituição, que permanece viva e ativa nas últimas três décadas. A intenção foi apenas de contextualizar o Instituto e os atores principais que o constituem para sugerir a compreensão de um processo que produz conhecimento em espaço diverso do escolar.

A pesquisa pretende alavancar a visibilidade às cartas escritas no cárcere para o Instituto Nelson Mandela. Como descrevi anteriormente, a história do Instituto se inicia a partir da interlocução entre o encarcerado e o sujeito extramuros através de uma carta. Considero, pois, a potência dessa forma de comunicação escrita, mesmo diante das opressões impostas ao preso.

O trabalho desenvolvido pelo Instituto foi consolidado diante dos desafios enfrentados no sistema penitenciário. Durante a elaboração da pesquisa, pude dialogar tanto com os protagonistas já citados quanto com sujeitos que acompanharam o início da fundação do Instituto, e perceber as dificuldades enfrentadas para que o preso tivesse seu direito de escrever minimamente respeitado. A "cela/tranca", a desumanização dos sujeitos encarcerados e a necessidade de sobrevivência indicam a motivação para a escrita das cartas do cárcere, que "transpiram" palavras de resistência. Logo, a análise sobre as cartas não acontece deslocada do processo histórico da instituição, mas sim emparelhada cotidianamente nas trocas e no processo de interação dos presos com os sujeitos que compõem o ICCNNM.

SUJEITOS COLABORADORES DO ICCNNM

Foram muitas as expectativas iniciais pela busca das narrativas orais das mulheres-escritoras encarceradas, e várias estratégias foram traçadas para que se concretizasse o objetivo inicial no campo da pesquisa. Comecei a busca por cadastros físicos e virtuais de mulheres presas e seus familiares no Instituto Nelson Mandela. Em seguida, pleiteei as autorizações necessárias junto aos órgãos penitenciários, acessei amigos, colaboradores e todas as redes possíveis para alcançar meu objetivo, até descobrir que não seria tão fácil.

Depois desse momento inicial, já com as autorizações necessárias, ao avançar na análise das cartas, percebi a importância desses escritos como um processo de interação de ensino-aprendizagem entre aqueles que respondem às cartas e a população encarcerada. Com a intenção de dimensionar esse processo, entendi a necessidade de apreender as experiências dos sujeitos que ajudam a ressignificar o trabalho realizado no Instituto, a partir de suas vivências individuais.

Essa mudança de paradigma e de metodologia se deu também com as entrevistas, por força do questionamento do papel desta pesquisadora, referenciada pela perspectiva decolonial. Houve um cuidado com a aproximação do "[...] perigo de se constituir o outro e o subalterno apenas como objetos de conhecimento por parte de intelectuais que almejam meramente falar pelo outro" (Almeida, 2010, p. 12-13). Com as cartas em mãos e com o contato constante com o campo de pesquisa, acredito haver tido aportes suficientes para contemplar as narrativas das mulheres encarceradas escritoras. Nesse sentido, José Carlos Brasileiro, em conversa informal, indicou:

> Você, com seus estudos, pretende desenvolver alguma atividade dentro do presídio neste momento? Se a resposta é não, não vá falar com elas, pra que ir ao presídio, vai assistir o sofrimento delas? Você já tem o pensamento

dela escritos aí... isso tudo são documentos importantes, está tudo aí, pensa nisso [...].[31]

Ao longo dos estudos, quando estava próxima ao objeto de investigação, compreendi o compromisso que é preciso assumir ao tratar de temáticas que tensionam o lugar de onde se quer falar e para quem se está desenvolvendo a pesquisa. Em outros termos, o processo da "desaprendizagem" (Spivak, 2010, p. 91), o desprendimento dos olhares eurocêntricos quando se trata da investigação acadêmica, foi um exercício proposto para a aproximação da construção do objeto de pesquisa a partir das vozes subalternizadas em diversos espaços da sociedade, inclusive o espaço acadêmico. Na tentativa de entender o lugar da/o pesquisadora/or em suas produções, optei por alternativas *contra-hegemônicas* para a construção desta pesquisa. Por isso, as vozes que tento potencializar no campo de pesquisa são as daquelas que contribuem para a existência da ação já desenvolvida para a população carcerária feminina: as/os agentes que atuam e atuaram no ICCNNM.

No mundo globalizado e neoliberal da atualidade, não é incomum nos depararmos com pessoas críticas às/aos que atuam em prol dos direitos humanos. Profissionais, militantes e universitários que atuam nessa vertente sugerem assumir uma postura de resistência frente às práticas cotidianas de opressão contra grupos considerados subalternos ou marginalizados na sociedade hegemônica.

Desse modo, o próprio entendimento sobre o que são os direitos humanos encontra-se hoje em disputa no cenário de valorização extrema do capital, em detrimento dos bens sociais. Segundo Joaquim Herrera Flores (2008), é preciso reinventar os direitos humanos, para que não sejam entendidos e praticados de forma banalizada ou que não atinjam sua finalidade:

31 Fragmento de conversa informal com o José Carlos Brasileiro durante o desenvolvimento do trabalho no ICCNNM, em 2017.

> Por essa razão, os direitos humanos não são categorias anteriores nem para a ação política nem para as práticas econômicas. A luta pela dignidade humana é razão e consequência da luta pela democracia e pela justiça. Nós não estamos diante de privilégios, simples declarações de boas intenções, ou postulados metafísicos que representam uma definição de natureza humana isolada de situações da vida. Pelo contrário, os direitos humanos são a afirmação da luta do ser humano para ver seus desejos e necessidades cumpridos nos contextos vitais em que se situa (Herrera Flores, 2008, p. 13-14, tradução nossa).

Em relação à prática que objetiva o exercício dos direitos humanos, as/os agentes que atuam junto ao ICCNNM indicam a afirmação da luta do ser humano para transpor barreiras relacionadas às necessidades de grupos que se localizam por suas diferenças étnicas, culturais e sociais, tal como a população encarcerada.

Quando optei por entrevistar esse grupo de pessoas, solicitei referências pessoais enquanto colaboradora do ICCNNM desde 2014. Desse modo, as entrevistas foram iniciadas com os fundadores do Instituto, já identificados anteriormente. Quanto aos sujeitos que participavam do cotidiano da instituição, a rotatividade de colaboradores era muito grande. Isso se dava por diversos motivos, em especial o financeiro, já que o ICCNNM não dispunha de verba nem sequer para pagar o deslocamento daqueles que se propunham a trabalhar voluntariamente.

Cabe ressaltar ainda que nem todos liam e respondiam cartas. Muitos ajudavam com trabalhos externos ao espaço da instituição, coordenando atividades junto aos presídios e organizando e participando de eventos no âmbito do sistema carcerário; outros atuavam levando a pauta do Instituto aos órgãos institucionais relacionados aos direitos humanos.

Com essa percepção, fui ao encontro dos colaboradores que tivessem atuado nos últimos anos em "portas abertas"[32] no Instituto e que

32 Brasileiro sempre trabalhava no instituto com a porta de entrada aberta. Ao se reportar a essa prática, ele nos ensinava que a instituição estava aberta para quem quisesse entrar, independentemente do crime cometido, da religião, da orientação sexual, da idade e da cor da pele. E dizia, em conversa informal: "A casa de Mandela é para todos".

tivessem experimentado o trabalho desenvolvido com as cartas, por ser o objeto em análise da pesquisa e pela relevância dessa ação para a população carcerária.

Inicialmente, foram entrevistadas/os seis colaboradoras/es, cinco das/os quais começaram a atuar no início de 2016 e permaneciam até o momento de encerramento da pesquisa. Elas e ele participam de reuniões às quais o Instituto se encontra vinculado. Há quatro mulheres e um homem. São jovens graduadas/os em Direito. A sexta entrevistada é formada em Serviço Social e começou a atuar em 2011 como colaboradora e, em 2013, foi vinculada ao estatuto do ICCNNM como diretora social. A partir dessa entrevista, cheguei à sétima entrevistada, que atuou como colaboradora entre 1998 e 2002.

Em momento posterior, busquei interlocução com algumas egressas penais que tivessem se correspondido com o Instituto enquanto presas ou mantido alguma vinculação com as cartas. Com as dificuldades já apontadas, foram entrevistadas duas egressas que também contribuíram com o trabalho com as cartas. Uma delas atuou como colaboradora do Instituto após sua soltura em 2010. A última entrevistada colabora de forma intermitente desde 2010. É pedagoga, porém não atua na área, mas participa das discussões relacionadas ao cárcere.

Sendo assim, o grupo de entrevistadas/os para a realização deste trabalho era de 11 pessoas. Suas narrativas revelam posicionamentos e visões de mundo diferenciadas, localizando-se em realidades sociais distintas umas das outras, mas que convergem pelo desejo de atuar com os direitos humanos. A mobilização dessas/es sujeitas/os a partir de suas práticas parece revelar a busca por outro paradigma; portanto, considero-as/os tanto interventoras/es como educadoras/es no espaço de atuação do ICCNNM.

OS SUJEITOS-PRATICANTES DA PESQUISA: O QUE APRENDEMOS UNS COM OS OUTROS?

Nas entrevistas e no convívio com a prática dessas/es sujeitas/os da pesquisa, observei que se dividem em duas categorias: colaboradoras/es que são advogadas/os ou acadêmicas/os em Direito, que iniciam suas atividades para prestar auxílio jurídico demandado pelas cartas, e aquelas/es que atuam em profissões diversas, mas estão intrinsecamente empenhadas/os em desenvolver funções relacionadas às cartas. Portanto, as cartas são lidas e respondidas por interlocutoras/es de várias áreas do conhecimento, tais como assistentes sociais, advogados, pedagogos e ativistas do Movimento Negro. Identificar esses dois grupos a partir das narrativas apresentadas é muito importante, pois a localização das trajetórias de cada entrevista auxilia na compreensão de como e por que chegaram até o Instituto. Entender como o trabalho com as cartas lhes afeta indica como o ensino-aprendizagem pode acontecer através da interação com o outro.

A pesquisa, então, sugere que a educação está intrinsecamente se desenvolvendo na interação do trabalho diário daquelas/es que estão comprometidas/os como interlocutoras/es dessas cartas. Acredito que elas e eles exercem uma função social para uma população especificada. O trabalho se dá com conhecimentos e conceitos que não podem ser desprezados e ignorados pelas instâncias públicas e pelo poder hegemônico.

"POR FAVOR, PRECISO QUE EXPLIQUE COMO ESTÁ O ANDAMENTO DO MEU PROCESSO"[33]

A primeira entrevista foi realizada com Malcolm,[34] no dia 11 de agosto de 2017, no espaço da Defensoria Pública do Estado do Rio de Janeiro. Ele é um homem jovem, de 30 anos à época, e se reconhece como negro. Excercia a profissão de advogado autonomamente havia dois anos. Morador da Zona Sul do Rio de Janeiro, considera-se pertencente ao grupo econômico identificado como classe média. É graduado em Direito pela Universidade Estadual do Rio de Janeiro (Uerj) e chegou ao Instituto Nelson Mandela por um grupo de WhatsApp de amigos da própria universidade, no qual tomou conhecimento da necessidade de voluntários para que fosse montada no ICCNNM uma equipe jurídica de auxílio na assistência aos encarcerados. Malcolm não tinha conhecimento da existência do Instituto:

> Não conhecia o instituto. Primeiro tivemos duas reuniões, uma foi no CCBB[35] e a segunda foi no próprio ICCNNM, com o Brasileiro e o dr. Marlon, que é da Defensoria, e toda a equipe que está compondo o jurídico hoje. E já estou lá há mais de um ano. Passa muito rápido (Malcolm, 2017).

Malcolm sempre esteve muito presente na realização das atividades do Instituto. Desde o início da entrevista, mostrou ter preocupação em aproveitar os conhecimentos adquiridos na faculdade para auxiliar o outro. Informou que atuou como estagiário na Defensoria Pública do Estado do Rio de Janeiro e em outros órgãos públicos da capital fluminense. Declarou ainda que, nesses espaços, conheceu "o lado

---

33 Fragmento retirado do acervo de cartas do ICCNNM, escrito por uma mulher que se encontrava encarcerada em agosto de 2016.

34 Nome fictício.

35 Centro Cultural Banco do Brasil.

conservador do Direito" (Malcolm, 2017) e percebeu que não gostaria de atuar profissionalmente nesses órgãos:

> Quando vi essa oportunidade oferecida pelo instituto, eu pensei: isso se encaixa naquilo que eu quero, trabalhar em uma instituição da sociedade civil voltada para a prestação de serviço, até para dar um retorno. Eu estudei na universidade pública e sei que estudar na universidade pública não é para todo mundo, às vezes você estuda lá e não dá retorno algum para a sociedade, só dá retorno para si mesmo, e é uma parcela ínfima que tem essa condição de estudar nesses espaços (Malcolm, 2017).

A partir dessa entrevista com Malcolm, outras percepções foram se construindo no imaginário desta pesquisadora. As tensões e contradições existentes nas universidades que formam operadores na área jurídica, inesperadamente, foram se mostrando importantes ao longo das entrevistas seguintes. As narrativas me fizeram observar as lacunas existentes no ensino jurídico no que concerne à temática relacionada, sobrepujada pela prática voltada para o mercado de consumo.

Indicada por Malcolm, Carla[36] foi a segunda entrevistada, no dia 14 de agosto de 2017. Ela é uma jovem advogada autônoma, tinha então 32 anos e atuava nas áreas trabalhista e previdenciária desde março de 2010. No intervalo de uma de suas audiências, consegui entrevistá-la no Tribunal de Justiça do Rio de Janeiro (TRT/RJ). Ela é mãe e, em alguns momentos, revelou as dificuldades de conciliar a atividade materna com os compromissos profissionais. Além disso, conta emocionada que, em fevereiro de 2015, perdeu o marido, ficando viúva muito jovem. Ela também se reconhece como mulher negra e reside no bairro de Guaratiba, Zona Oeste do Rio de Janeiro. Declarou pertencer à classe média. Ela menciona que soube do Instituto de forma inusitada.

Em 2014, Carla sofreu um processo ético pela Ordem dos Advogados do Brasil (OAB/RJ) enquanto atuava como estagiária: "Aí eu estava

36 Nome fictício.

sentada aguardando o julgamento, eu estava muito triste, nervosa, eu vi o folhetinho do Instituto por ali, na frente dessa sala que eu estava esperando, na OAB" (Carla, 2017). No julgamento, porém, foi reconhecido que Carla estava passando por uma injustiça, e ela não sofreu nenhuma sanção, mas uma das julgadoras desse processo ético disse "que ela acreditava em mim, que eu tinha que fazer minha parte como advogada no mundo" (Carla, 2017). Carla tinha acabado de ver aquele folhetinho do Brasileiro.

> Aí na semana seguinte eu fui ao instituto, conheci o Brasileiro em 2014, só que na época eu trabalhava no escritório, então eu fiquei pensando de que forma eu poderia ajudar e não consegui, não consegui ver uma forma, mas guardei aquele folhetinho e nunca mais esqueci dele (Carla, 2017).

Segundo o depoimento, Carla enfrentava momentos difíceis em sua vida. Perdeu o marido e tinha uma filha pequena para cuidar, estava recém-formada em Direito, passando por um processo ético na OAB, mas a ideia de colaborar com o Instituto ficou em sua memória.

> Aí ano passado eu resolvi procurar o instituto para ver se ainda existia mesmo, por isso que eu comecei. Eu cheguei a estar estudando ano passado, logo após o falecimento da mãe dele, que aí eu comecei a ajudar muito ele no processo de inventário e tal, e fui vendo as coisas, fui vendo as cartas, foi dessa forma que eu me envolvi. Foi um processo longo até eu resolver mesmo fazer as cartas, trabalhar com as cartas. Eu acho que foi uma mudança para mim mesmo, de perspectiva, como pessoa, não me preocupar tanto só comigo. Eu precisei ter uma perda muito grande para poder ver que eu precisava fazer mais alguma coisa, de uma forma gratuita, sem nenhuma contrapartida, que essa é a forma que a gente chega lá (Carla, 2017).

Generosamente, Carla compartilhou sua trajetória de vida para explicar como e por que foi ao encontro do Instituto. Sua história de vida marcante indica o perfil dos colaboradores que chegam ao Instituto e com ele aprendem a ressignificar a atuação profissional a partir do envolvimento com a causa ali desenvolvida.

A terceira entrevista aconteceu no mesmo dia da que realizei com Carla. Entrevistei Fátima[37] no final da tarde. Após a saída do seu trabalho, o encontro aconteceu no espaço do café da Livraria Cultura, então localizada no Centro do Rio de Janeiro. Ela tinha 30 anos de idade e estava formada em Direito pela Universidade Federal de Minas Gerais (UFMG) havia sete anos. Atuava na área criminal, era contratada recente de um escritório particular e estava fazendo mestrado em Direito na Uerj. Anteriormente, preparava-se para concurso para a Defensoria Pública. Moradora do bairro do Leblon, no Rio de Janeiro, considera-se pertencente à classe média alta. Declarou que nunca lhe faltou nada, mas sempre se interessou por tentar ajudar pessoas que considera menos favorecidas pela sociedade. Chegou ao Instituto por intermédio de uma publicação postada nas redes sociais, que convocava advogados para atuar de forma voluntária no projeto jurídico:

> [...] na época era uma coisa que eu tava buscando, e a gente marcou uma reunião, eu me lembro que várias pessoas se mostraram interessadas dessa vez, mas a gente marcou uma reunião no CCBB, foram poucas pessoas. Acho que uma semana depois eu fui até o instituto, daí eu conheci o Brasileiro, e aí foi quando outras pessoas que não estavam no outro encontro também compareceram, que foi o Malcolm, a Nanda[38] foi também, junto com a amiga dela, Carla, e eu chamei uma amiga minha, Bárbara,[39] que tá lá com a gente, porque eu sabia também que ela tinha interesse. Quando eu falei com ela, ela achou legal. Então foi isso, aí a gente conheceu o Brasileiro, e ele apresentou um pouco do Instituto para a gente, e aí foi quando a gente começou a frequentar, acho que semanalmente, cada dia da semana um de nós ia, e ficou assim por um tempo (Fátima, 2017).

37 Nome fictício.

38 Nome fictício.

39 Nome fictício.

Inicialmente, Fátima trabalhava respondendo às cartas, porque o volume era muito grande, e tentava ajudar nas demandas que apareciam nos escritos: "Não necessariamente eram demandas jurídicas, porque a gente não atua no Instituto como advogado, a gente dá mais a informação, orienta, a gente faz ofícios, essas coisas" (Fátima, 2017).

Em seguida, entrevistei Bárbara, amiga de Fátima, no dia 17 de agosto de 2017, no mesmo local, o café da Livraria Cultura. Nosso encontro aconteceu à noite, após seu horário de trabalho. Ela, que tinha então 29 anos de idade, é uma mulher branca, moradora de Copacabana, Zona Sul do Rio de Janeiro, e graduou-se em Direito pela Universidade Federal do Rio de Janeiro (UFRJ) em 2012. Bárbara contou que nunca tinha ouvido falar do Instituto, nem mesmo na faculdade. Por intermédio de sua amiga Fátima, ficou sabendo um pouco do que se tratava o trabalho do Instituto e se interessou em fazer parte dele:

> Então eu fui por ela, na verdade, por uma colega de profissão, quando falou: "quer ir lá comigo na reunião? A gente se interessa por penal, a gente quer trabalhar nessa área", e eu, quando saí da faculdade, tava estudando para concurso. Aí eu pensei: talvez seja uma boa ter mais contato. E aí eu fui nessa reunião com o Brasileiro com ela, a Fátima, dessa maneira. Mas eu não tinha ouvido falar no instituto nem na faculdade (Bárbara, 2017).

Bárbara mencionou que começou a trabalhar com a área relacionada ao Direito Civil, mas que essa não era sua especialidade. "Minha especialidade é penal", disse ela (Bárbara, 2017). Contou que já tinha trabalhado com essa área de Penal anteriormente, "com a galera mais humilde, por um ano e meio na faculdade" (Bárbara, 2017). A partir desse momento, começou a estudar para ser defensora pública e a se "interessar mais por esse lado" (Bárbara, 2017).

A entrevistada seguinte — e última desse grupo — foi Marina.[40] Novamente, o encontro ocorreu na Livraria Cultura, onde foram realizadas

---

40 Nome fictício.

algumas entrevistas anteriores. O encontro aconteceu antes de Marina ir para o trabalho. Ela veio do interior do Paraná, estava então com 28 anos, é uma mulher branca que se considera oriunda economicamente da classe média e formou-se em Direito pela Universidade Estadual de Ponta Grossa (UEPG) em 2013. Trabalhou como advogada durante um ano, porém no momento da entrevista não exercia a profissão e estava trabalhando como funcionária de uma ONG que desenvolve trabalhos sociais no Rio de Janeiro. Ela atuou no Instituto entre setembro de 2014 e setembro de 2015. Quando cheguei ao Instituto, foi a pessoa que me ensinou as atividades desenvolvidas lá. Sempre muito organizada, desempenhou com dedicação as funções que lhe foram atribuídas no ICCNNM. Chegou a ganhar uma ajuda de custo para frequentar a entidade, mas, por causa das condições financeiras, precisou procurar um emprego para se manter no Rio de Janeiro, já que sua família reside em São Paulo. Atualmente é moradora do bairro da Lapa, região central do Rio de Janeiro.

Marina chegou ao Instituto por meio de uma visita ao Rio de Janeiro, quando participou de uma palestra na qual Brasileiro apresentava as atividades da instituição:

> E aí eu vim para o Rio de Janeiro para tentar trabalhar realmente com população vulnerável, eu já lidava muito com o voluntariado de favela e tudo mais. E aí, quando eu conheci o Brasileiro, e a forma como ele falava, como ele acreditava nessa transformação, aí eu falei "é isso, né, olha esse cara", que fazia uma semana que eu estava no Rio, sem emprego, e ouvir ele falar em uma palestra, eu falei "gente, é isso, já achei alguém que pensa um pouquinho da mesma forma que eu", e aí eu já fui atrás dele e deu certo (Marina, 2017).

Quando chegou ao Rio de Janeiro, no começo de agosto de 2014, foi informada de que haveria uma palestra no prédio da OAB/RJ sobre direitos humanos e sistema penitenciário. Brasileiro era um dos convidados que compunha a mesa de debates:

> Aí ele teve um momento de fala lá, e todo mundo aplaudindo, e realmente todo mundo fixado, na hora que ele fala fica todo mundo, "meu Deus, o que vai sair daí?", aí eu achei incrível, já mandei um e-mail para ele no dia seguinte, e aí uma semana depois eu já tava lá, foi assim (Marina, 2017).

Durante a entrevista, os relatos são intensificados pela emoção. Marina foi acolhida por Brasileiro naquele momento em que conhecia poucas pessoas, na sua condição de mulher jovem e sozinha no estado até então desconhecido para ela. Por meio do Instituto, ela conseguiu realizar seu desejo de trabalhar com os direitos humanos. A última notícia que tive dela era de que continuava trabalhando na área.

A maioria das entrevistas foram realizadas de acordo com a disponibilidade de acesso e horário pelas/os entrevistadas/os. Todas foram gravadas em áudio e transcritas em arquivo pessoal no caderno de pesquisa.

EU TINHA O MAIOR ORGULHO DE FALAR QUE TRABALHAVA COM A "REINTEGRAÇÃO SOCIAL"[41] DO PRESO[42]

Neste momento, pretendo discorrer sobre os sujeitos que não são advogados, porém desenvolveram as mesmas atividades daqueles que o são, até mesmo no trabalho com as cartas. Nesse grupo, incluem-se os fundadores do ICCNNM: professora Vanda Ferreira, José Carlos Brasileiro e Luther, já devidamente apresentados no capítulo direcionado ao histórico do Instituto Nelson Mandela. Ao longo dessas entrevistas, muitos aspectos foram indicados como relevantes para entendê-las/los como colaboradoras/es, também, do processo de interação com as cartas, como verificaremos a seguir.

A primeira entrevista do grupo foi realizada com Dandara,[43] no dia 9 de julho de 2017, em um restaurante no bairro do Méier, no Rio de Janeiro, onde, após almoçarmos, fizemos os encaminhamentos para efetuar a entrevista. Dandara se reconhece como mulher negra, tinha 28 anos de idade à época e é egressa penitenciária. Ela reside no município de Belford Roxo, na Baixada Fluminense, e tem Ensino Médio completo. Esteve presa provisoriamente no presídio Nelson Hungria durante o ano de 2009, entre os meses de maio e dezembro. Nessa condição, tomou conhecimento do trabalho desenvolvido pelo Instituto Nelson Mandela, com o qual se correspondia através das cartas. Ela escrevia também para suas companheiras de cela que não sabiam escrever. A partir dessa função, aproximou-se de Brasileiro, de quem

41 Os termos "reintegração" ou "ressocialização" são usualmente utilizados no ambiente carcerário, mas entendo que reforçam o discurso não emancipatório. Presenciei a narrativa que alimenta o *status quo* dominante que legitima a opressão nos espaços de privação de liberdade, ensinada para os presos com a intenção de reforçar a subalternização. É uma estratégia funcional do poder opressor que se dissemina intencionalmente na sociedade e é despercebida até mesmo por aqueles que lutam contra o sistema existente.

42 Fala proferida durante a entrevista com a colaboradora Denise.

43 Nome fictício.

recebeu ajuda para que fosse concedido a ela um habeas corpus, a partir do qual "venceu" sua liberdade.

> Então eu escrevi para o Brasileiro, era direto para ele, eu queria que ele tomasse conhecimento do que estava acontecendo comigo, então eu não escrevia para o ICCNNM e sim para o Brasileiro. E ele se comunicava comigo pelas cartas, e às vezes ia no presídio (Dandara, 2017).

Ao sair do presídio, Dandara começou a trabalhar como colaboradora do Instituto, lendo e respondendo às cartas com o auxílio de Brasileiro, no ano de 2010.

> Quando eu saí do presídio, o Brasileiro me chamou para trabalhar lá. Eu saí em dezembro de 2009, em fevereiro de 2010 eu fui para o Brasileiro. Lá eu fazia algumas coisas para ele. Pagava conta, ia na rua entregar ofício e respondia as cartas. Eu abria e lia as cartas em voz alta para o Brasileiro e ele me dizia como tinha que responder. E eu escrevia, respondia tudo. Isso foi em 2010. Fiquei lá de fevereiro até julho. E eu achava que estava contribuindo muito, porque eu sabia como era lá dentro (Dandara, 2017).

Ela relata que não continuou por mais tempo porque Brasileiro adoeceu e as atividades diminuíram após esse período. Informou ainda que foi um período muito importante para ela, pois conheceu muitas pessoas que considerou essenciais para a causa. Diz também que o que mais aprendeu foi a ter esperança: "Esperança que a pessoa iria ter algum resultado. Brasileiro se esforçava muito pelos presos, ele ia na Defensoria, para o defensor resolver. E eu às vezes ia na Defensoria com ele, foi uma grande vivência" (Dandara, 2017).

Atualmente, Dandara tem duas filhas e é casada; quando da realização da entrevista, estava desempregada e trabalhava como faxineira para ajudar nas despesas cotidianas de sua família. Enquanto presa, tornou-se uma referência para as detentas para as quais escrevia as cartas. Algumas mulheres encarceradas escritoras a citam em seus escritos.

Foi a partir de Dandara que consegui falar ao telefone com outras egressas, porém não obtive sucesso quando tentei agendar entrevistas. Sua narrativa é extremamente relevante para localizar a voz que fala e escreve a partir do cárcere, mostrando seu olhar particular como interventora nesse processo de ensino-aprendizagem singular.

No mesmo dia e local do encontro com Malcolm — 11 de agosto, na Defensoria Pública do Estado do Rio de Janeiro —, em horário diferente, fiz a segunda entrevista do grupo com Lélia.[44] Ela chegou muito bem arrumada e disse ser uma honra poder colaborar com uma pesquisa. Egressa penal, mãe, então com 67 anos de idade, Lélia cursou faculdade de Pedagogia. Permaneceu presa durante 12 anos no Instituto Penal Talavera Bruce, onde viveu a maior parte do cumprimento de sua sentença. Foi libertada em 2010. Essa foi a entrevista mais longa de todas, com duração de quase duas horas. Ela tinha a necessidade de contar como fora sua vida durante tanto tempo reclusa. Como pesquisadora, respeitei seu espaço de fala. Ao longo da conversa, Lélia falou muito da importância do trabalho desenvolvido no Instituto para as mulheres encarceradas. Relata que escrevia cartas para as outras presas não escolarizadas, mas apresenta críticas à falta de recursos do Instituto para ajudar a população encarcerada. Reconhece, porém, a importância da escrita para que as mulheres possam ser ajudadas:

> Algumas coisas era a atuação dele com as cartas que ele conseguia, falava com um e com outro, com o desembargador. As autoridades não podem não fazer nada diante desse caso, mas eles telefonam para o juiz da VEP[45] para ver o processo do fulano, porque esse chato do Brasileirinho está toda hora enchendo o saco, procuram ver o que é, aí movimentava alguma coisa. Só um telefone não resolve o problema, mas é um antídoto (Lélia, 2017).

Lélia sempre tentou colaborar com o Instituto após sua liberdade. Frequentou alguns seminários como representante da entidade, mas

---

44 Nome fictício.

45 Vara de Execuções Penais.

não trabalhou respondendo às cartas diretamente nesse período. Na época da pesquisa, tinha uma vida ativa e tentava ocupar algum espaço no mercado de trabalho. Pretendia voltar para a universidade, mas sempre encontrava as barreiras da discriminação por carregar o estigma social de ser egressa penal.

No dia 15 de agosto de 2017, à noite, no restaurante conhecido como "Verdinho", na região central do Rio de Janeiro, aconteceu a terceira entrevista do grupo, com Nanda. Ela se identifica como mulher negra, é bacharela em Direito e tinha então 47 anos de idade. Mora em Botafogo, é mãe, e relatou que começou a atuar no Instituto como voluntária em 2016. Logo em seguida, atuou como secretária, remunerada por uma empresa que ajudou a instituição em algumas despesas. Nesse período, Nanda desempenhava atribuições desde leitura das cartas até funções administrativas. Colaborou intensamente com as atividades do Instituto e auxiliou todos os outros colaboradores no desempenho de suas funções.

Nanda já atuava com direitos humanos em espaços diversos e conheceu o Instituto através de uma atividade que estava sendo realizada com apenados:

> Eu participei de uma habilitação de casamentos de presos na Lemos de Brito. Aí, depois, uma amiga minha falou que o Instituto estava precisando de voluntários para ler e responder às cartas. Aí a Lêda,[46] que é membra do Instituto, fez uma reunião com o Brasileiro, com mais cinco pessoas. E o Brasileiro explicou como seria o processo e falou que ali era uma ONG, sem fundos, sem recursos, mas tem bastante cartas de presos querendo respostas, querendo saber de benefícios e tudo. Foi aí que eu comecei. E logo que entrei a secretária que estava lá saiu e o Instituto não podia ficar de portas fechadas, e o Brasileiro começou a pedir alguém... porque sem a secretária as portas iriam ficar fechadas. E eu estava sem emprego, e eu me ofereci para trabalhar lá (Nanda, 2017).

---

46 Nome fictício.

Na época da entrevista, Nanda estava empregada em um Cartório de Registros e Ofícios e desejava voltar às atividades que sempre desempenhara com as populações vulneráveis.

Lêda foi a entrevistada seguinte. Ela compunha o quadro de direção do Instituto como tesoureira. Anteriormente, era vice-presidenta e começou a atuar no Instituto como voluntária no ano de 2011. À época da entrevista, tinha 32 anos e se identificou como mulher parda de classe média baixa. Moradora do bairro do Riachuelo, é casada e atua em várias frentes junto à população encarcerada. É assistente social e trabalha formalmente com um projeto relacionado aos jovens aprendizes no Rio de Janeiro. A entrevista foi realizada no espaço da Federação das Associações de Favelas do Estado do Rio de Janeiro (Faferj), na noite chuvosa de 21 de agosto de 2017.

A entrevista foi difícil, porque Lêda tinha uma convivência muito próxima com Brasileiro e falar sobre o Instituto e as cartas é falar de Brasileiro e também de toda a sua luta. Ela ficou emocionada em vários momentos da conversa. Lêda informou que já trabalhava com a população encarcerada antes de atuar no Instituto. Em uma reunião da Raesp, conheceu a entidade. Depois disso, fez sua primeira visita e percebeu que não tinham verbas e "o trabalho que era feito era feito através mesmo do colaborador ali, do Brasileiro, da figura dele, porque ele tava sozinho tocando em frente" (Lêda, 2017). Naquele momento não pôde contribuir, mas foi no Instituto que encontrou estímulo para continuar atuando com a população encarcerada:

> Conhecendo um pouco do Instituto, percebi que é uma instituição que realmente faz o atendimento que é necessário, que não distingue, que não é porque você é amigo de fulano que você vai ter prioridade, não! Todos os presos têm prioridade, independentemente da facção, e eu vi que o Instituto dava acesso a todos eles, através das cartas e dos familiares que iam na instituição para poder pegar as orientações necessárias (Lêda, 2017).

Até o fim da pesquisa, Lêda permanecia atuante. Participava das reuniões, fazia parte da constituição do estatuto, incentivava os outros voluntários a não desistirem da luta e tentava não esmorecer diante das dificuldades apresentadas.

A última entrevistada foi indicação de Lêda: Denise[47] é uma antiga colaboradora que atuou entre os anos 1998 e 2002, tempo em que o Instituto estava em pleno funcionamento e fomentava os principais projetos desenvolvidos à época. Foi o momento em que Brasileiro participou da 1ª Conferência Mundial contra o Racismo, a Discriminação Racial, a Xenofobia e as Formas Conexas de Intolerância, em Durban, África do Sul, representando o ICCNNM. Muitas memórias foram narradas por Denise. A entrevista aconteceu no dia 25 de agosto de 2017, na Livraria Cultura. Moradora do município de Nova Iguaçu, no estado do Rio de Janeiro, ela se reconhece como mulher negra. Naquele momento, tinha 40 anos de idade, era casada e estava desempregada. Ela revelou como foi sua experiência junto ao Instituto com muita empolgação e falou de como sentia orgulho em trabalhar com os direitos humanos. Era muito jovem à época e todas as atividades eram ótimas novidades, inclusive o trabalho com as cartas era remunerado. Denise conta como chegou ao Instituto:

> Eu cheguei lá porque conheci o Brasileiro numa feira voluntária, e o Brasileiro sempre muito expansivo, com aquela maneira de chegar nas pessoas, falando com todo mundo. Ele se apresentou a mim como presidente de uma associação, pediu o meu contato e, na realidade, eu não tinha noção nenhuma do que era uma instituição e nós trocamos contato e eu fui até a instituição, e lá ele falou que estava precisando de uma secretária e eu falei que sim. E na época ele estava com projetos interessantes, que eram feitos para os filhos dos presidiários e para os egressos (Denise, 2017).

Essa entrevistada trouxe um olhar diferenciado à pesquisa, pois ela situou os períodos nos quais os investimentos para as causas sociais

47 Nome fictício.

estavam sendo garantidos pelo governo no Rio de Janeiro e incentivados pelas instituições privadas. Segundo Denise, o Instituto participou do financiamento social a partir do empréstimo concedido pelo "Banco do Povo", que impulsionou projetos de empregabilidade[48] para egressos penais e possibilitou a remuneração de seu trabalho. A entrevistada mostra que, mesmo que tenha havido diversas fases, o Instituto permaneceu com a mesma ideologia filosófica de empoderamento do encarcerado, privilegiando o trabalho realizado com as cartas.

As/os sujeitas/os participantes da pesquisa demonstraram, ao longo dos depoimentos, seu interesse em desenvolver atividades relacionadas aos direitos humanos. A partir dos relatos, foi possível observar como cada entrevistada/o revelou suas impressões particulares sobre aspectos diversos que envolvem o ambiente carcerário. Todas/os relataram suas práticas cotidianas e identificaram como foram impactadas/os pelo trabalho desenvolvido dentro do Instituto a partir da interação com o outro, seja por meio das cartas, seja no processo de aprendizagem umas/uns com as/os outras/os.

Para melhor compressão dessas narrativas, no entanto, optei por elaborar categorias que contemplassem as impressões das/os entrevistadas/os sobre temáticas que atravessam a pesquisa, tais como: o que pensam sobre o sistema carcerário feminino?; o que pensam sobre o trabalho com as cartas?; o que aprendem uns com os outros nesse processo interativo?

Embora as/os entrevistadas/os tenham sido separadas/os entres as/os que são advogadas/os e as/os que não o são, justifica-se o feito por mera necessidade de organização. Neste momento não haverá subdivisão das narrativas, pois entendo que as/os colaboradoras/es advogadas/os, mesmo que ajudem na assistência jurídica, exercem funções diversas à advocacia, uma vez que o público atendido pelo Instituto ou é assistido pela Defensoria Pública ou tem patronos particulares.

48 Segundo documentos do acervo do ICCNNM, o convênio com o Banco do Povo beneficiou 23 egressos penais, financiando a compra de barracas de água de coco. O recurso era pago mensalmente com os valores arrecadados com a venda da mercadoria no estado do Rio de Janeiro entre os anos 2000 e 2001.

A partir das categorias mencionadas, acredito na possibilidade de abrangência das vozes dos participantes como subsídios imprescindíveis, que demonstram sua relevância para a pesquisa na área da Educação. A intenção é buscar aportes que indiquem uma educação *outra*, voltada para um olhar de solidariedade com a vulnerabilidade social do outro. Para tanto, sempre que possível, as percepções das/os entrevistadas/os serão visibilizadas a partir do trabalho desenvolvido com as cartas.

REPRESENTAÇÕES SOBRE O SISTEMA CARCERÁRIO

É muito comum as entrevistas mostrarem as impressões narradas sobre o cárcere, em especial o cárcere feminino. As atividades desenvolvidas no Instituto, apesar de não acontecerem especificamente dentro dos presídios, são direcionadas para o público que ali habita. É importante, portanto, apreender conhecimentos sobre esse espaço para lidar com as questões específicas dos presos e prestar a assistência necessária com mais eficácia. A maioria das/os entrevistadas/os passou a ter contato com a realidade do ambiente prisional a partir da interação com o Instituto. Vejamos como Bárbara analisa isso:

> O sistema penal tem que acabar. Comecei a frequentar presídio por causa do Instituto, é absurdo. Eu fico pensando [...], quando você entra naquele lugar, sério, aquele bando de galpão cheio de doença. Eu peguei doença de pele indo lá, fui lá pouquíssimo e peguei bicho, carrapato lá, cocô, é muito quente, tem muito inseto, uma área rural. Um cliente meu falando que tinha pego lepra, tuberculose, doenças não tratáveis. Isso não tem nada a ver com justiça, com nada, todo mundo é traficante de baixo escalão (Bárbara, 2017).

As/os colaboradoras/es do Instituto experimentam realidades existentes nas penitenciárias masculinas e femininas. As ações têm sido desenvolvidas em ambos os ambientes, como o projeto Pré-Enem Nelson Mandela, desenvolvido na Penitenciária Lemos de Brito (penitenciária masculina), e o projeto Moda Inclusiva Renner, que aconteceu no Instituto Penal Oscar Stevenson (penitenciária feminina). Como o foco dos estudos está direcionado para o cárcere feminino, algumas/alguns das/os entrevistadas/os relatam o que viram no sistema carcerário feminino:

> Quando eu fui pela primeira vez nessas penitenciárias femininas, eu me deparei com umas situações que o Estado deveria resolver. Ah, colocou ali, fechou a grade e acabou? Não! Tinham que dar cursos, estudo, algo

> para passar o tempo, para elas produzir. E também ajuda de psicólogos. E separar quem cometeu crimes pequenos dos crimes com mais tempo de cadeia, e era tudo junto, roubo junto com quem matou, facção junta [...] tudo misturado, era o que eu via. Eram muitas histórias que elas contavam, como elas entravam para a vida do crime e muitas eram mulheres que assassinavam seus companheiros e outras que se envolveram com drogas e não sabiam que ele tava nesse meio e, por questões, acabou sendo presa (Denise, 2017).

Nesse aspecto, privilegiar o olhar de quem "morou" no cárcere feminino é fundamental. Dandara e Lélia são mulheres que vivenciaram as amarguras e a violência desse contexto no Rio de Janeiro. Ambas relatam os momentos de clausura como sendo os piores de suas vidas. Estiveram presas em momentos diferentes, mas, como elas mesmas indicam, "um único dia na prisão é como se fosse a eternidade" (Lélia, 2017). Elas descrevem também os espaços físicos por onde passaram e o que eles acarretaram em suas vidas pós-cárcere. Segundo Lélia:

> Mas nesse sistema que eles fizeram, nesses Bangu 1, 2, 3, é uma cama em cima da outra, quando você olha, na realidade, se fechar você diz: "Isso é um túmulo". Primeiro: se a pessoa for forte ela não consegue passar no corredor, tem que ser de lado ou de cócoras, olha como isso é humilhante. Então, tudo tem uma dificuldade, não tem cama, é tudo cimento, não tem escada para subir para a cama de cima, é um suporte, e você vai de um lugar para outro [...] você sai com uma série de traumas, eu não vejo nenhum estudo biológico sobre algumas questões. Por exemplo, lá é tudo liso, é como aqui, aí você passa 4, 5 anos presa ou 12 como eu fiquei, o que ocorre? Você perde a noção de descer e subir, você tropeça o tempo todo. Eu saí em 2010, ainda hoje eu tropeço muito, a visão fica curta, a explicação é que lá só tem parede, aí teu músculo não desenvolve. Então existe uma série de situações, a gente vira lixo (Lélia, 2017).

De acordo com esse relato, Lélia estava presa no Instituto Penal Talavera Bruce, onde cumpriu a maior parte de sua prisão após sua sentença definitiva. Dandara, por sua vez, esteve encarcerada, inicialmente, no Departamento de Polícia, onde ficou por 30 dias, e, logo depois, foi para o Presídio Nelson Hungria, até "vencer"[49] sua liberdade. Ela conta sobre o espaço físico da cela onde se encontrava, denuncia a ausência de insumos básicos e problematiza a cadeia feminina em relação à masculina:

> Agora no presídio de mulher não tem nada. Minha cela tinha 50 mulheres. Mas tinha camas-beliches, só que quem está na cama de baixo tem que pagar. Eu não tinha visita íntima porque não era sentenciada, era provisória. Outra coisa era a revista da comida. Era horrível, reviravam tudo, quebravam os biscoitos, elas eram muito ruim. E lá não tem papel higiênico, absorvente, sabonete para a presa que não tem visita, tinha que ter um kit higiene pelo menos para as presas que não têm visita, mas não tem nada. Nem papel higiênico e nem roupa. Tem época lá que é muito frio, porque é de frente para o morro e tem um depósito de lixo, as moscas entravam e acabam com a gente. Lá eles não dão lençol, nada de roupa de cama. E tinha nada de doação de roupa, ou você tem sua visita ou não tem. Elas entravam na porrada, porque lá dentro não tem esse negócio de facção não, é tudo misturado. Porque nos homens é separado por facção, no feminino não. Por isso que a gente fala que a cadeia do homem é mais tranquila, porque é tudo separado. A cadeia da mulher é tudo junto, irmã. Ali nós é Bicho! É um inferno! (Dandara, 2017).

Nas entrevistas com as egressas, nota-se a desumanização e precariedade da vida dessas mulheres. Além dos relatos indicados, outras percepções foram apontadas por ambas, como a solidão, a desesperança, a humilhação, o medo e a violência.

Malcolm, Carla e Fátima não frequentaram o cárcere feminino, mas apontaram o que aprenderam a partir das cartas de mulheres que leram e tensionaram esse espaço na sociedade:

---

49 Termo utilizado frequentemente nas cartas das mulheres encarceradas. Significa que elas conseguiram cumprir alguma etapa de sua prisão, como a progressão de regime ou a liberdade.

> Percebi com as cartas que ali é de tortura mesmo, as pessoas estão ali, elas estão largadas, esquecidas, e propositalmente, ela tá ali porque não tem dinheiro, não tem ninguém por elas (Fátima, 2017).

> E, realmente, pelo que eu percebi em muitas cartas é que as pessoas estavam presas sem necessidade, por crimes que não tinha necessidade de estar presas aquele tempo todo, e não há investigação, as mulheres são presas e jogadas lá sem uma investigação correta do que está acontecendo, e isso é um absurdo, eu acho que é um crime (Carla, 2017).

> Percebi nesse tempo, e com as cartas e com o debate, que o encarceramento feminino não dá para ser discutido sem discutir o posicionamento da mulher na sociedade. Estamos em uma sociedade machista. As prisões não foram feitas para mulheres, e sim para homens. Então, a mulher que comete crime, ela errou duas vezes: por ser mulher, porque ela tem que estar ali cuidando da família e é isso que a sociedade cobra. E agora ela tá ali, ocupando um espaço que foi feito para o homem, e não para ela. Então, ela entra lá com um peso muito grande. Quando um homem é preso, a mãe, esposa, filhos vão visitar, e a mulher não, ela é presa e toda a família se desestrutura. Ela vai para o presídio e deixa um filho. Boa parte das famílias é a mulher que sustenta ou cuida do filho. Então, se acontece alguma coisa com essa mulher? Com quem vai ficar os filhos em segurança? Então, a punição, até mesmo psicológica, para a mulher é muito maior que a do homem. Então, acredito que elas se sentem muito mais culpadas que os homens (Malcolm, 2017).

Esses relatos indicam como e com quais instrumentos as/os colaboradoras/es passaram a perceber o cárcere feminino. A partir de suas práticas desenvolvidas no Instituto, é possível identificar o quanto o espaço da entidade e o diálogo com as cartas podem refletir no processo de aprendizagem.

O IR E VIR COM AS CARTAS

Ao ter as cartas como principais documentos analisados na pesquisa, vou ao encontro das/os colaboradoras/es que desempenharam suas funções lendo e respondendo-as, com exceção dos fundadores do Instituto, já mencionados anteriormente, cujo trabalho não inclui essas ações.

Com a análise dessa categoria, a ideia era colher as percepções particulares das/os colaboradoras/es sobre suas práticas de leitura e escrita e sua circulação, e avaliar o que se pode aprender com esse processo dialógico, que envolve, no caso dessas cartas, aquela que escreve e sua/seu interlocutora/or-leitora/or.

Já sob o olhar daqueles que participaram da fundação do Instituto, as cartas possuem uma dimensão comunicativa imprescindível ao apenado: "Sem dúvidas, é o principal veículo de comunicação com os presos. É uma fonte de comunicação importantíssima, com muita potência, é fundamental incentivar essa comunicação" (Luther, 2017). Segundo a professora Vanda Ferreira: "Isso é histórico desde que cárcere é cárcere. É através das cartas que eles e elas se comunicam para tudo" (Ferreira, 2016). Brasileiro, pensativo no momento da entrevista, indica como desempenhava o trabalho com as cartas e conta que as percebia da seguinte forma:

> Cartas, nós recebemos muitas cartas, e isso há bastante tempo. Porque o preso não tem e-mail, então tem que escrever mesmo, e eu lia muitas cartas, agora estou com problema de visão, mas eu espero me recuperar. Eu lia todas as cartas, todas as cartas! Então a gente tem o hábito de pegar as cartas, identificar, ver a situação. Se a situação for jurídica, o cara condenado a quatro anos e está tirando há três anos, a gente faz o contato com parceria da Defensoria Pública. A Defensoria, nos informando quem é o defensor daquela unidade, a gente comunica que tem um preso ou presa que já era para estar em liberdade! Porque é muito preso, muita gente, às vezes o defensor nem sabe que aquele preso tá solto dentro da cadeia dele. Para você ter uma ideia, tem presídio que cabem 1.400 presos e tem 1.600

presos para dois defensores, que atende por ordem alfabética. Quer dizer... então a gente dá essa orientada, auxilia nesse sentido. As cartas servem para isso, dar assistência, ver questão de saúde, questão de violação aos direitos humanos. Tudo isso! (Brasileiro, 2016).

José Carlos Brasileiro tinha muito cuidado com cada missiva que chegava ao Instituto. Tanto em preservá-las fisicamente quanto em verificar como seriam respondidas, e a quem seria necessário acionar para tentar solucionar o conflito individualizado de cada súplica. Ensinava aos colaboradores como deveriam responder às cartas:

> Então, ali era a esperança dos pedidos serem atendidos e as cartas respondidas. E o Brasileiro respondia todas as cartas,. Como eu não sabia ver processo, ele me explicava como fazia. Se tivesse processo, eu via no site como estava o processo e imprimia para enviar para os presos, e assim ia. Ele me explicava como fazia em cada caso (Dandara, 2017).

Como cada carta chega ao Instituto com suas particularidades, todas eram lidas de forma individualizada. Brasileiro se preocupava principalmente com as consideradas "cartas-denúncia". São aquelas que chegam com algum tipo de sigilo identificado pela/o escritora/or. Normalmente, essas narrativas que denunciam o sistema carcerário ou seus agentes não são liberadas pela censura realizada pelo presídio. Segundo informações que constam nas entrevistas, conversas informais e até mesmo nos envelopes das correspondências, que contêm marca d'água escrito "liberado pela censura", todas as cartas são lidas pelos agentes penitenciários antes de serem encaminhadas ao serviço postal. Quando as desse tipo chegavam ao Instituto por outros veículos, eram de responsabilidade exclusiva de Brasileiro, conforme Lêda informou:

> E o Brasileiro tinha muito cuidado para lidar com essas denúncias. Tudo quanto era denúncia sempre era para o Brasileiro. Ele nunca deixava ninguém tomar a frente de nada, era sempre ele quem respondia as cartas de denúncia. As outras cartas, de andamento jurídico, a gente até podia

responder à nossa maneira, mas referente à denúncia era ele que resolvia. Até porque ele se preocupava muito de até se indispor com algum órgão e acabar fechando as portas do Instituto naquele espaço. Ele sabia como acessar essas redes e pedir aquela atenção, sem ofender e agredir qualquer instituição. E, do jeito dele, ele conseguia resolver os problemas. Ele tinha um dom né? (Lêda, 2017).

Com as percepções dessas interlocuções, acredito ser possível compreender o comprometimento individual que cada colaborador tinha em conseguir atender as demandas de cada apenado que se correspondia com o Instituto. Marina e Malcolm narram brevemente suas práticas com as cartas:

> Receber uma carta hoje é muito simbólico, aí eu fiquei assim pensando: "Vou mandar uma carta pra alguém, pra pessoa me responder e tal..." Enfim, era uma das partes do processo, ler a carta e, independente do encaminhamento que a gente desse, somente responder dizendo "recebemos a sua carta, estamos fazendo o possível" e tudo mais já era uma forma de acolhimento. Então, o Brasileiro fazia bastante questão, achava bem importante que respondesse a todo mundo que enviou, independente se fosse dar certo ou não, mas para a pessoa ter essa resposta do Instituto. E aí, quando a gente já tinha uma solução, a gente já mandava, ou mesmo que não entendesse o conteúdo da carta recebida, a gente falava "ah, você pode explicar um pouco melhor?" e tudo mais, e depois as cartas voltavam: "ah, obrigado". Sempre todo mundo agradecia "obrigado por ter me respondido, obrigado por ter lido, obrigado pela ajuda", era bem especial essa parte (Marina, 2017).

> Lá no Brasileiro tinha essa questão estrutural, as cartas chegavam, aí a gente via se era questão de uma simples boleta processual ou era uma denúncia de maus-tratos. Porque tipo, se fosse uma questão de saúde ou uma transferência a gente fazia o ofício para o órgão responsável. A gente falava com a secretaria, e também falava com o Brasileiro, e a gente fazia o ofício comunicando à Seap. Às vezes a gente pegava cartas com pessoas com

> benefícios vencidos há anos, aí a gente conversava sobre o que podíamos fazer nesse caso. Aí decidíamos: vamos fazer um habeas corpus! E por mais que seja negado, pelo menos você leva a demanda ao Poder Judiciário, e o desembargador que recebe o habeas corpus vai oficiar a VEP e a situação daquela pessoa pelo menos vai sair da completa escuridão (Malcolm, 2017).

Todas/os as/os colaboradoras/es, é importante informar, acessavam tanto as cartas enviadas por mulheres quanto as enviadas por homens, de forma aleatória. Nas entrevistas, diversos voluntários expuseram suas percepções sobre a dinâmica do sistema carcerário feminino e a opressão sofrida pelas mulheres encarceradas escritoras. Nas cartas, identificavam os contrapontos que diferem a mulher do homem enclausurado e, unanimemente, consideravam que as mulheres possuem especificidades e urgências não relatadas nas escritas dos homens. Segundo a percepção de Nanda, são mulheres que têm filhos, cometem crimes para ajudar o companheiro, muitas vezes já preso, e demonstram solidão:

> Realmente, tem muita diferença. Muitas têm filhos menores. E quando entraram para o sistema, já eram gestantes e seus filhos são retirados após os seis meses de vida, com a mãe no cárcere. Por deslize, entraram para o sistema por tentarem entrar com alguma coisa, é a penalidade que elas sofrem por levar algo de fora para o seu companheiro dentro do sistema, como exemplo. E elas deixam os seus filhos aqui fora! Então, o sofrimento delas é bem maior, sabendo que têm filhos para cuidar, que têm a vida delas, e que também perdem o contato com os companheiros e família. E que é diferente dos homens, que só querem a liberdade! (Nanda, 2017).

Carla, que é mãe, ao falar sobre as cartas das mulheres, relata os prejuízos emocionais que elas sofrem pela perda do convívio com os filhos. Ela reflete sobre as dificuldades da maternidade cotidiana, identificando-se com os escritos:

> As mulheres não estão tão preocupadas com elas, elas estão muito preocupadas com quem elas deixaram, principalmente os filhos. A primeira preocupação delas é: "eu preciso sair, porque eu preciso tomar conta dos meus filhos, eu não vejo meus filhos, eu não sei como estão meus filhos". Acho que isso é o mais gritante de diferença entre os homens e as mulheres. Geralmente, elas cometem algum crime, pelo menos o que elas falam, é por causa de marido, do companheiro, tão presas por isso. E elas ficam esquecidas, elas falam que não têm ajuda de ninguém. Todas elas dizem que não têm auxílio nenhum, não têm visita, não têm nada. A mulher toma conta do filho, e é difícil você achar uma creche, quando você acha creche não fica o dia inteiro do horário de trabalho que você tem que trabalhar. Então, realmente é muito complicado você trabalhar em uma cidade onde nós vivemos e cuidar de um filho, é muito complicado. E eu me identificava em relação a isso toda vez que eu lia elas falando sobre os filhos, que não sabiam o que fazer. Eu entendo, porque é exatamente isso, é muito difícil. Aí vem sempre aquela coisa mais fácil, ela traficar não demanda ela ficar o dia inteiro fora de casa, e é isso que a maior parte das vezes acontece, foi o que eu vi nas cartas (Carla, 2017).

As cartas escritas no cárcere feminino demandam urgências para além das questões jurídicas. Há pedidos para assistência à saúde, necessidade de saber sobre seus familiares, pedido de uma simples visita e, muitas vezes, pedidos de ajuda para outras. São questões mencionadas em todas as entrevistas.

Dentre tantos prejuízos identificados nas narrativas das/os colaboradoras/es, estão presentes também manifestações de carinho e gratidão com aquelas/es que interagem com essas mulheres escritoras. Há relatos frequentes de recebimento de correspondências de agradecimento pela ajuda prestada. Cartas escritas várias vezes pela mesma mulher indicam uma relação de confiança e sua certeza de estar sendo lida e correspondida por alguém naquele espaço.

É demonstrada afetividade quando se dirigem ao seu interlocutor principal, "as femininas chamavam mais o Brasileiro de *Brasileirinho*" (Lêda, 2017). Sobre esse afeto, Lélia conta: "O que acontece é o carinho.

Chamam ele de Brasileirinho para transferir o afeto, afeto de mãe, de filho. É afetuoso, e ele era muito afetuoso. Isso reflete a situação da carência e da sensibilidade da mulher" (Lélia, 2017). Lélia também fala da importância das cartas das mulheres encarceradas para os estudos científicos:

> Eu acho que estas cartas têm depoimentos das mulheres que vivem e viveram o cárcere. É história oral e escrita e que essas cartas têm que realmente ser arquivado como um processo histórico. E têm um valor científico muito grande para o Direito, para a Educação, para toda a ciência. Ali tem a história. Porque as cartas transpiram o sentimento do preso, a questão moral, a questão material, a história do presídio e o que elas vivem em si está contida nas cartas (Lélia, 2017).

Mulheres, escritoras, mães, provedoras dos lares, oprimidas pelo sistema, solitárias, vítimas do machismo: essas são as características das mulheres encarceradas escritoras encontradas pelas/os colaboradoras/es nas cartas. Suas narrativas mostram que os integrantes do Instituto procuram minimizar o sofrimento dessas mulheres. Na interação estabelecida, é possível perceber a formação do vínculo criado entre as pessoas — movimento constante da possibilidade de fortalecimento do aprendizado mútuo.

(DES)APRENDEMOS UNS COM OS OUTROS NESTE PROCESSO INTERATIVO

Ao propor uma pesquisa com cartas de mulheres, pensei no processo dialógico entre as/os sujeitas/os praticantes, seus modos de interação e, principalmente, os dados apreendidos dessa relação. A análise da presente categoria pretende demonstrar as aprendizagens e (des)aprendizagens que afetam individualmente e transformam as práticas cotidianas das/os colaboradoras/es.

A pauta abordada nas entrevistas está relacionada ao que as/os colaboradoras/es pensam sobre esse processo experimentado dentro do Instituto com o trabalho com as correspondências. No entanto, indago se há uma percepção do aprendizado mútuo entre a sujeita que escreve com as/os leitoras/es, interlocutoras/es das cartas. Será que percebem o fenômeno do ensino-aprendizagem como uma forma de experimentar a educação em espaço diverso do ambiente escolar?

Luther aponta a importância de aprender uns com os outros e relata a riqueza de como pode ser entendido esse processo de aprendizagem que acontece a partir do Instituto:

> Sem dúvidas, não estamos tratando de uma educação formal, mas dentro da informalidade há uma educação se desenvolvendo. Porque neste trabalho estão envolvidas as trocas de experiências, a mediação de conflito. É uma riqueza muito grande, e tudo isso é um processo educacional. Essa relação de aceitar o diferente, aceitar aquele que está comigo no cárcere, e o que está lá fora também, que é o egresso. E eu que não vivi a experiência da prisão, aprender a aceitar o egresso e quem está no cárcere. Isso é de um potencial gigante! (Luther, 2017).

Ao ser interpelada sobre essa mesma questão, Lêda prontamente afirma considerar o Instituto e todas as ações nele desenvolvidas como uma possibilidade de compartilhamento de saberes a partir da interação entre os sujeitos:

Eu acho que a educação acontece o tempo todo, porque é dada uma orientação, é dada uma resposta para quem está no cárcere. E, além de ser dada essa resposta, você dá um leque de possibilidades para que a pessoa possa estar resolvendo aquela questão, entendeu? Tanto é que muitas das vezes também, quando eram determinados casos que tinham que ter uma maior atenção, a gente pedia para o preso entrar em contato com a família para ir até o Instituto, para poder dar continuidade a essa demanda, para poder conscientizar e orientar da maneira correta. Inclusive, tem muitas cartas que agradecem as respostas, e desejando sempre coisas boas para o Brasileiro, para o Instituto, para quem tá lendo ali (Lêda, 2017).

E comenta o que aprendeu nesse processo:

Nossa, aprendi a ser uma pessoa melhor na vida. Ter esse lado humano mais aflorado, você vê o outro como um ser humano, como uma pessoa mesmo. Não porque a pessoa cometeu um crime, não discriminando e estigmatizando a pessoa. Você acaba percebendo que todo mundo pode cometer um erro, que todos nós estamos sujeitos a matar, até. Dependendo do que fira a gente, os pais morrem pelos seus filhos, entendeu? Então a gente tá sujeito a isso. E você, em nenhum momento, olhar a pessoa pelo crime que ela cometeu, não! (Lêda, 2017).

Uma das revelações mais intensas partiu de Bárbara. Ela menciona como foi impactada positivamente por todo o processo vivido no ambiente do Instituto. É interessante observar que ela se reconhece detentora de privilégios sociais e diz ter aprendido a ressignificar seu olhar como advogada e como cidadã a partir do trabalho em conjunto com Brasileiro e com os outros colaboradores:

Eu vou te falar que, com o trabalho do Instituto, eu poderia dizer que mudou minha vida! O Instituto é um milagre, a pessoa que o Brasileiro era é um milagre. Como, de onde ele tirou forças? Porque todas as forças sociais eram opostas, ele conseguia qualquer coisa. Então aquilo para mim era um milagre e, apesar de eu não viver essa luta, eu me sinto na obrigação social, pelos meus privilégios, de dar um mínimo de retorno. E, sei lá, eu acho que o Instituto, mesmo que não funcione tão bem, não tenha tantos recursos, não seja maravilhoso, mas ele é uma esperança para as pessoas, ele é um exemplo. É tipo assim, um cara negro, pobre, que saiu da prisão e falou: "olha só, eu cheguei até aqui". Quantos exemplos têm assim? "Você pode chegar aqui também." Então é isso, o que eu puder fazer para ajudar, eu farei. Eu aprendi muito naquele espaço. Porque a gente desistia muito fácil, para mim tudo era sempre "formalzinho", se faz esse procedimento, chega até isso. Então, se eu tivesse algum obstáculo no caminho era: "não, não dá". Eu não tenho mais essa visão, aprendi a ir até o fim, ser persistente para ajudar a resolver os problemas meus e dos outros (Bárbara, 2017).

Alguns indicaram nunca terem pensado sobre a possibilidade de existir um processo educativo que se desenvolve com as ações do Instituto e com o trabalho do ir e vir das cartas, e, até mesmo, questionavam-se sobre suas práticas. Marina e Carla indagam sobre essa suposta prática educativa, mas não negam o processo de aprendizagem possível nessa relação:

Então, a gente conseguia levar alguma informação para presos e presas, mas o processo de escrever a carta, se isso seria também um aprendizado para eles e para mim, sendo bem sincera eu nunca pensei sobre isso. Mas, se a gente for pensar em um aprendizado de conteúdo, eu acho que, por a gente responder e explicar o procedimento: "então, mas o processo é assim que funciona", então a gente tentava levar algum conteúdo de aprendizagem para quem a gente via que não tinha (Marina, 2017).

Carla, por sua vez, diz:

Eu acho que a gente tentava ajudar, mas de outra forma, eu nem sei se o Instituto teria essa capacidade de levar aprendizagem. Pode ser que até tenha uma ajuda maior e eu realmente não percebia. Mas de certa forma eles aprendiam com a gente, sim, e a gente com eles, né? Todos eles percebiam a importância do trabalho, que era único, eles sempre falavam:

"Vocês são os únicos que olham realmente para a gente". E, realmente, a gente olhava realmente para eles. Brasileiro nos ensinou isso (Carla, 2017).

Em seu relato, Fátima vem problematizar: "O que é a educação? Para quem se faz a educação? O que se aprende?" (Fátima, 2017). Ela traz um posicionamento central importante, que tensiona o entendimento sobre a educação e seus espaços. Para a/o pesquisadora/or da área, sua fala instiga o reposicionamento sobre a educação que se pretende praticar com o outro. Fátima, portanto, aponta como a educação pode ser apresentada de forma *outra*, por sujeitos *outros*:

> Eu não tenho a menor dúvida que a educação esteja presente no trabalho feito no Instituto. Eu não sou da área da Educação, mas o que é a educação? Para quem se faz a educação? O que se aprende? Não é compreender as coisas, os fenômenos e ter um senso crítico em relação a isso? O Brasileiro é peça-chave nisso, ele nos ensina uma outra educação. Tive oportunidade de ir a Bangu com o Brasileiro, e ele ficou lá três horas falando, dentro de uma sala de aula, para os detentos. e foram três horas que todos ali dentro não tiraram o olho dele. É muita representatividade. Aquilo ali foi super-emocionante. Então não tem como o Brasileiro não ser uma figura que promove educação, não tem como! Aquilo ali pra mim é o símbolo disso. As cartas que presos e presas mandam para o Instituto representam isso! É educação sim! Eu aprendi isso, acho que o Brasileiro reafirmou para mim a importância de você ouvir o outro! (Fátima, 2017).

Dandara mostra o seu entendimento sobre o que aprendeu com o Instituto e com o diálogo com as cartas, apontando as experiências das mulheres que conviveram com ela enquanto esteve encarcerada:

> Eu falava para elas escreverem para o Instituto, e elas falavam: "agora tem alguém para ajudar". Brasileiro sempre mandava o andamento do processo delas, informando como estava o processo, o que poderia fazer por elas, e escrevia uma carta em punho também, dali elas sabiam como estava a vida delas e agradeciam, ficavam toda boba. Porque se não fosse o Instituto,

> como a gente ia saber das coisas? E tipo a colega que precisou de remédio, aí que ela ficou sabendo qual remédio era para tomar. Mandava carta e o Instituto ajudava. Muitas foram ajudadas pelo Brasileiro pelas cartas. Teve uma que descobriu que tinha outro processo em andamento, aí ele explicou tudo, e o Brasileiro ainda tentou dar um habeas corpus para ela, porque ela tinha uma filha de seis meses. Aí ele conseguiu transferir ela para um presídio que a criança pode ficar com a mãe (Dandara, 2017).

Ainda sobre o que aprendeu nesse processo, Dandara narra que:

> Aprendi a tomar vergonha na cara, o Brasileiro me dava muito esporro! É que só nele eu podia confiar e confiar no trabalho feito no Instituto. Aprendi a ter positividade. Ele sempre foi muito positivo com a gente. Sempre falava da experiência dele no presídio e um bando de mulher junta, né [risos], tudo ansiosa, ele conseguia nos acalmar para seguir em frente. Sempre escrevia para a gente ficar tranquila, que não estávamos abandonadas, que ele estava correndo atrás... Ele sempre falava que eu não estava sozinha, com isso eu ficava muito mais tranquila. Era muito bom saber que tinha gente aqui fora agindo as coisas. Olha, aquilo ali é uma faculdade. Depois que você passa por ali, se acostuma com tudo. Pelo Instituto e o Brasileiro, você aprende a lidar com as pessoas, a tratar melhor as pessoas, porque a cadeia é um lugar pesado, ali é só pesadelo. Eu aprendi a ter esperança! (Dandara, 2017).

Tais relatos mostram a importância de Brasileiro no processo. Em muitos momentos, pode-se perceber, as ações desenvolvidas pelas/os colaboradoras/es do Instituto se confundem com as ações desenvolvidas por Brasileiro e vice-versa, de modo que a interação acontecia mutuamente, sem uma precisão linear de tomada de decisão, pautada em um projeto pedagógico norteador. Sobre essa reflexão, Brasileiro, muito emocionado, discorreu:

> Pelo Instituto e pelas pessoas que me ajudaram, eu refiz a minha vida! Fui para a África do Sul, na Conferência de Durban. Quando que um egresso

> penal pensaria nisso? Me fala? Fiz muitas palestras em vários lugares importantes. Aprendi a ser tolerante com a vida, não fazer besteira, porque eu poderia ser o exemplo para o companheiro preso. Tive muitos professores, da vida, do dia a dia, do Movimento Negro, dos parceiros da prisão [...] só não quero que cite os nomes que falei, porque senão, pô! Eu esqueço de citar alguém, aí você escreve isso, aí eu vou ficar mal com a comunidade! [risos] (Brasileiro, 2016).

Com as narrativas até então apresentadas, este trabalho alinha-se à perspectiva do reconhecimento dos saberes produzidos pelas/os colaboradoras/es no exercício das suas práticas junto ao Instituto. Muitas/os entrevistadas/os explicitam que, ao lidar com o ambiente carcerário e com as/os sujeitas/os encarceradas/os, encontram-se diante do esforço da mudança de paradigma sobre si mesmas/os, para tentar compreender o universo carcerário inventado para ser cruel, disciplinador e opressor. Os relatos foram apreendidos diante do compartilhamento de emoções.

CAPÍTULO 3

PERSPECTIVAS DE OUTRA EDUCAÇÃO COM OS RELATOS DAS CARTAS DE MULHERES ENCARCERADAS

Senhores! Venho através dessa humilde carta para lhe pedir um minuto de sua atenção.
Nzinga,[50] março de 2016

É necessário lembrar que o objeto desta pesquisa são cartas, consideradas como um gênero do discurso e fontes documentais que revelam narrativas de um determinado tempo e espaço. Nesse contexto, a escrita é considerada uma prática ocidental, hegemônica, possível somente para aqueles que detêm o poder do seu conhecimento, porém é o único meio possível de comunicação em determinados espaços, caso do cárcere brasileiro. Para tanto, as sujeitas que habitam o espaço carcerário feminino se reinventam com seus escritos não padronizados na "norma culta", desvelando a potencialidade de outras formas de comunicação. As cartas nos remetem à oralidade cotidiana particular de cada trajetória narrada por suas vidas encarceradas.

O seu caráter de escrita vem ganhando reconhecimento no desenvolver dos estudos acadêmicos e, segundo Angela de Castro Gomes (2004), que organizou o livro *Escritas de si, escrita da história*, são poucos os estudos que se dedicam a essa temática. Esse movimento, no entanto, tem sido de grande relevância para o campo das ciências humanas. De acordo com a autora:

> [...] a correspondência tem um destinatário específico com quem se vai estabelecer relações. Ela implica uma interlocução, uma troca, sendo um jogo interativo entre quem escreve e quem lê — sujeitos que se revezam, ocupando os mesmos papéis através do tempo. Escrever cartas é assim "dar-se a ver", é mostrar-se ao destinatário, que está ao mesmo tempo sendo "visto" pelo remetente, o que permite um *tête-à-tête*, uma forma de presença (física, inclusive) muito especial (Gomes, 2004, p. 19).

50 Nome fictício.

Segundo o trecho anterior, a troca de cartas sugere interlocução entre os sujeitos; é a comunicação possível através do desvelamento de si para o outro que foi mentalizado como receptor da narrativa, de modo que os estudos dessa forma de comunicação interpessoal são relevantes para as ciências sociais e humanas, e também para os estudos na perspectiva *decolonial* alinhados à produção de conhecimentos a partir da diferença colonial (Mignolo, 2003). É necessário visibilizar as sujeitas subalternizadas, potencializando sua maneira de se expressar no mundo como um compromisso intelectual *decolonial*.

No Brasil atual, vivencia-se as consequências duradouras de uma onda de retrocesso que acarretou o recrudescimento de leis impostas aos grupos marginalizados pela sua *racialização* e pelo marco social subalterno, fato que afeta diretamente a vida das mulheres, que se tornam cada vez mais vulneráveis. Diante desse quadro, quais propostas podem ser pensadas para subverter a lógica de opressão? Segundo Walsh (2013), é nesses momentos que o campo da resistência se faz presente com lutas que requerem aprendizagem, *desaprendizagem* e reaprendizagem a partir da ação, da criação e da intervenção:

> São esses momentos complexos de hoje que provocam movimentos de teorização e reflexão, não movimentos lineares, mas serpentinos, não ancorados na busca ou no projeto de uma nova teoria crítica ou mudança social, mas na construção de estradas — de ser, estar, pensar, olhar, ouvir, sentir e viver com significado o horizonte de(s)colonial (Walsh, 2013, p. 24, tradução nossa).

Nesse sentido, sugiro percorrermos outros atravessamentos na perspectiva da *decolonialidade*. Pensando o lugar de silenciamento que as mulheres encarceradas ocupam na sociedade, entendo como uma urgência que:

> Defender pedagogias decoloniais faz parte de uma visão educacional emergente e que será mais bem compreendida quando alinhadas aos estudos desenvolvidos no âmbito da América Latina, principalmente no diálogo

com os movimentos sociais que lutam contra processos de subalternização (Miranda; Riascos, 2016, p. 568).

Assim, viabilizar as aprendizagens é um passo indispensável, considerando-se os conhecimentos produzidos pelas sujeitas encarceradas, que tecem escritos de dor, desumanização, objetificação de seus corpos e, quando possível, de amor, a partir da intervenção em um espaço significado pelas lutas antirracistas alinhadas aos movimentos sociais — nesse caso, com o Instituto de Cultura e Consciência Negra Nelson Mandela —, em transversalidade com os aportes decoloniais, e do controle social exercido sobre as vozes em análise.

As mulheres encarceradas que se correspondem com o Instituto têm anseios em comum. Antes do delineamento das categorias que nortearam este estudo, foram realizadas as leituras das cartas advindas do cárcere feminino entre os anos de 2010 e 2016. Com a finalidade de apreender os aportes que poderiam ser relevantes para a pesquisa em Educação, houve o encontro com questões situacionais únicas.

No que tange ao fluxo destas cartas entre as apenadas e o Instituto, o ordenamento jurídico brasileiro prevê o direito de comunicação do preso com o mundo exterior, seja por correspondência, telefone, jornal ou qualquer meio que não comprometa a moral e os bons costumes, de acordo com o Art. 5º, inciso XII, da Constituição Federal Brasileira de 1988 (Brasil, [2016a]). Segundo a legislação infraconstitucional, Art. 41, inciso XV, da Lei n. 7.210 (Lei de Execução Penal), também há previsão de comunicabilidade do preso com o mundo exterior (Brasil, [2015]).

No entanto, aquela que vive no cárcere tem dificuldades de acesso aos seus direitos constitucionais e encontra empecilhos, entraves, para encaminhar e receber as correspondências. É difícil conseguir papel, caneta ou qualquer outro instrumento que torne possível a escrita. Superada essa barreira, não são incomuns relatos das apenadas que indicam extravios, atrasos ou não encaminhamentos de seus escritos pelo sistema penitenciário.

Algumas demandas do cotidiano das mulheres são mais comuns, tais como: necessidade de saber como se encontra o andamento de seus processos; desejo de encontrar com filhos e familiares; denúncia da precarização do sistema carcerário; narrativas sobre as trajetórias de vida pregressa ao crime; relatos de infração cometida por alguma circunstância relacionada aos seus parceiros ou cônjuges; e relatos de solidão.

Apesar de essas narrativas aparecerem com mais frequência, percebe-se que, em cada carta, vem a elaboração de uma trajetória única, singular, que se diferencia também pela forma de escrita, pelo direcionamento dado ao interlocutor. A forma como escrevem nos envelopes das cartas e a expressão representada em versos ou em arte são exemplos dessa singularidade. O fato é que as particularidades circulam nas entrelinhas, demonstrando aspectos que não devem passar despercebidos.

Assim, pesquisar cartas ou outros documentos exige investimento da/o pesquisadora/or em uma série de questões. Nessas circunstâncias, pensamos: para quem essas cartas são destinadas? Percebe-se que o discurso das presas se constrói de maneira a impactar o seu destinatário — o Instituto Nelson Mandela personificado na identidade de Brasileiro, a quem elas endereçam os pedidos, em sua maioria. Seus textos mostram compreensão da falta de acesso às instituições de justiça capazes de solucionar e responder às suas demandas. Demonstram, portanto, um processo de reconhecimento do outro que aproxima essas/es sujeitas/os produtoras/es de saberes e conflita com o suposto distanciamento entre aquela mulher e o seu interlocutor.

As missivas ora analisadas subvertem essa lógica dominante por optarem por narrar suas histórias para o sujeito que vivenciou o cárcere. Brasileiro se esforçava para reconstruir um espaço de diálogo silenciado pelos órgãos oficiais. A partir de sua prática ao responder todas as cartas, não dimensionava valores morais estabelecidos pela sociedade. Todas elas eram respondidas independentemente do pedido ou do crime relatado. Dessa forma, indicavam-se as pistas do porquê de essas mulheres se corresponderem com o Instituto, assim como relataram as/os depoentes desta pesquisa:

> Realmente, todas as cartas ali eram respondidas, nenhuma carta ficava de fora. Tanto as cartas com pedidos mais graves, até para enviar um simples

boleto[51] com o encaminhamento do andamento do processo. Todas eram respondidas independente da demanda (Lêda, 2017).

> Bom, no mínimo um acolhimento ela vai ter, do Brasileiro, dos seus voluntários, vai passar conhecimento. Pode até num ter resultado de imediato, mas ver um investimento, as pessoas envolvidas e preocupadas com aquela questão minha que eu levei, sei que não estou sozinha! Sem querer dar nenhum em troca, independente da diretriz religiosa ou política, nenhum! Elas procuram o Mandela para ser atendida, e você é livre para ter o seu segmento na sociedade, sexual, religioso, esse é um outro diferencial do Mandela. Existem várias ações comprometidas com linhas ideológicas, Mandela não. Você é livre, essa é uma grande diferença do Mandela, é a cidadã, é o cidadão que vem até ali reivindicar os seus direitos, acabou o compromisso, se depois você quiser ser um voluntário do Mandela, você será muito bem-vindo, muito bem-vinda, mas não há nenhum outro vínculo. Ao entrar naquela sala, ao mandar uma carta, a pessoa vem com um cartãozinho ou um panfleto, uma indicação [...] é uma questão muito forte, muito séria, talvez é o que dê essa existência do Mandela (Ferreira, 2016).

Os relatos de agradecimento em diversas cartas analisadas confirmam o comprometimento do Instituto com essas mulheres que, em muitas narrativas, mencionam escrever para desabafar sentimentos e se distanciar do mundo vilipendiador de seus corpos no cotidiano carcerário. A partir dessa prática, destaco uma agenda comprometida com essas sujeitas encarceradas e com a construção coletiva que se desvela em prol de uma educação *outra*, assim como ratifica Miranda (2014, p. 1.058):

> Seguimos argumentos que entendem as narrativas produzidas e que alimentaram a agenda por uma Educação Própria como um discurso decolonial, um discurso de resistência ao olhar e ao poder daqueles localizados no centro dos processos de dominação também epistêmica.

---

51 Termo que referencia o andamento processual disponibilizado on-line pelo Tribunal de Justiça.

No entendimento da autora, passa a ser fundamental o alinhamento com "uma perspectiva menos eurocentrada de formação humana [...]" (Miranda, 2014, p. 1.058). Para essa intervenção dialógica do eu com o outro, sugere-se a mediação situacional no movimento educativo, ou seja, "o sujeito que se abre ao mundo e aos outros inaugura com seu gesto a relação dialógica em que se confirma como inquietação e curiosidade, como inconclusão em permanente movimento na história" (Freire, 2011, p. 133).

De acordo com Paulo Freire, o estreitamento da distância no movimento dialógico diminui a estranheza no encontro da realidade vivenciada pelo outro. Quando se faz referência à pedagogia que se aproxima da população marginalizada, consideram-se os povos racializados, invisibilizados, culturalmente excluídos do mundo colonial e, ainda, estigmatizados socialmente por construções como a da figura da mulher criminosa.

Conforme mencionado anteriormente, as análises contam com uma categoria de cartas denominadas "cartas-denúncia", que relatam violações graves de circunstâncias que ocorrem no cárcere. Tais correspondências são sigilosas, contêm narrativas fáticas de violações dos direitos das mulheres encarceradas e estavam reservadas aos cuidados de Brasileiro. Desse modo, embora autorizada a trabalhar com elas, optei por analisar essas tensões de forma a não comprometer o trabalho desenvolvido pelo Instituto ou pelas/os colaboradoras/es participantes da pesquisa. A intenção foi privilegiar o processo interacional, na perspectiva da educação decolonial, a partir das categorias de análise das narrativas das mulheres escritoras em diálogo com seus interlocutores.

É preciso, portanto, indagar: quais são os conhecimentos e saberes que a leitura das cartas promoveu? O que se aprendeu com as narrativas presentes nos documentos aqui reunidos?

SABERES OUTROS SOBRE O SISTEMA CARCERÁRIO FEMININO: VIOLAÇÃO DE DIREITOS

Não é novidade que o sistema penitenciário é regido por opressão e crueldade, acompanhado de diversos relatos sobre violações aos direitos humanos, principalmente no que se refere aos efeitos do encarceramento, que atingem a vida da mulher privada de liberdade.

A estrutura institucional que alude aos direitos humanos e visa proteger os direitos fundamentais da pessoa humana é tensionada sobretudo quando se está diante de cartas que denunciam violações a esses direitos. Verifica-se a mitigação da proteção estatal dos privados de liberdade, a partir dos preceitos hegemônicos de poder, em especial quando o Estado Democrático de Direito não se afeta com as violações cotidianas no cárcere e persiste na desumanização dos corpos encarcerados.

Muitas cartas recebidas dos presídios femininos continham narrativas marcadas por violação aos direitos humanos, tais como maus-tratos físicos e verbais, humilhação, aplicação de severos castigos operacionalizados no sistema e falta de direitos básicos, como o acesso à saúde. Nas cartas a seguir, encontram-se relatos marcantes sobre essas violações. Normalmente as escritoras mencionam seu nome e idade e dizem em qual cela estão abrigadas no presídio de origem, porém o texto a seguir é diferente, pois não tem identificação, localização da escritora presa ou dados pessoais. Fora do espaço pautado na folha onde escreveu, a escritora chama atenção de quem a lê com súplicas de urgência: "Socorro", "S.O.S.", "Tomem providências urgentes", "E o abandono", "superlotação e a direção não tá nem aí". Essa detenta fala por ela e por outras mulheres que parecem vivenciar as mesmas situações:

> Aqui neste sistema penitenciário as coisas aqui são bem precárias, muitas vezes falta atendimento no ambulatório, pessoas passam mal e não são

> atendidas. A gente manda chamados catuque[52] e nem dão atenção, falta de humanidade, e a comida estragada, água com penas de pombo. Na nossa cela tem muitas pessoas no chão, superlotação, quase 60 pessoas, são mulheres que no quais já venceram benefício e nunca foram transferidas. E não temos o direito ao trabalho, pois somos discriminadas por ser "seguro", só o convívio tem o direito, a chance de trabalhar. O cidadão tem a chance de trabalhar, existe o direito constitucional brasileiro. O próprio presídio discrimina. Eu acho que tanto a justiça e o Ministério público deveria rever essa questão. Eu tive meus cabelos cortados, sofri coisas horrendas neste lugar. Sofro muito com a desigualdade, quero lutar para eu ser uma cidadã, na qual tem o direito de ter a 2° chance na "SOCIEDADE" (Anônima, 2014).

Denúncias graves estão indicadas na correspondência. A esse respeito, a atual Constituição Brasileira prevê diversas garantias de proteção à dignidade da pessoa humana e aos direitos humanos como um todo. Em seu Art. 5°, encontra-se uma série de direitos fundamentais a serem considerados; a título de exemplo principal, no inciso III consta que "ninguém será submetido à tortura nem a tratamento desumano ou degradante" e, no inciso XLIX, "é assegurado aos presos o respeito à integridade física e moral" (Brasil, [2016a]).

Tais direitos não se restringem à letra da lei, pois o Brasil é signatário de vários tratados e convenções internacionais relacionados à proteção dos direitos humanos, tais como: a Declaração Universal dos Direitos Humanos; a Convenção Contra a Tortura e Outros Tratamentos ou Penas Cruéis, Desumanos ou Degradantes; a Convenção sobre Eliminação de Todas as Formas de Discriminação Contra a Mulher; a Convenção Interamericana para Prevenir, Punir e Erradicar a Violência contra a Mulher (Convenção de Belém do Pará) e, ainda, as Regras de Bangkok, que informam medidas especificamente direcionadas às mulheres submetidas a medidas privativas e não privativas de liberdade.

---

52 São pequenos escritos, bilhetes, enviados para transmitirem alguma mensagem.

São muitos, então, os direcionamentos relacionados à proteção da vida da mulher, inclusive da encarcerada. Os relatos que encontramos nas cartas, porém, vilipendiam frontalmente os preceitos de proteção aos direitos humanos e ensinam que é preciso pensar criticamente sobre essa tendência.

A narrativa de Carolina[53] aborda violações existentes. Vejamos:

> Estou privada de liberdade á alguns anos no Complexo do Gericinó, onde o tratamento é de total descaso, ou melhor, o tratamento é desumano, vou começar a relatar alguns tópico. Cartas, quando passamos mais de mês sem ter correios para receber notícias da nossa família. Social, aqui só tem atendimento da social depois de 6 meses presa. Médico, uma cadeia feminina que não tem ginecologista, oncologista e um monte de médicos que necessitamos. Remédio, prescritos no UPA[54] prisional não tem na cadeia, e quando vamos lá somos maltratadas desde o SOE.[55] Visita, já sofrida por nossa prisão, são muito mal tratados, o constrangimento é fora do normal, é o mesmo tratamento dado a nós privados de liberdade. Comida, vem com besouro, barata, bichos. Isolamento: o que sabem fazer é dá parte, e falando de isolamento, ele está infectado, todo mundo que vai para lá volta doente (Carolina, 2014).

Carolina relata uma série de violações e considera ter tratamento desumano no espaço prisional por diversos motivos. O que chama atenção, entretanto, é o tratamento relacionado aos familiares, verificando-se, assim, que a desumanização não afeta somente a pessoa apenada. No que tange ao tratamento relacionado ao Serviço de Operações Especiais (SOE), responsável pelo transporte do sistema penitenciário do Rio de Janeiro, verifica-se que, quando a apenada

53 Nome fictício.

54 Unidade de Pronto-Atendimento.

55 Serviço de Operações Especiais, responsável pelo transporte do sistema penitenciário do Rio de Janeiro.

precisa ser deslocada da sua unidade de origem, ela também se encontra vulnerável à opressão.

O tratamento disciplinador, que encaminha as presas para a cela considerada "isolamento", é o castigo direcionado àquelas que infringem alguma regra determinada pelo sistema, como mencionado na carta de Carolina. Geralmente, esse é um local degradante, "lá é lotado, o isolamento, não tem condições de ninguém ficar lá, eles fecham nós lá dentro. Gostaria muito sua visita e das autoridades competentes para ver de perto o que acabo de relatar" (Carolina, 2014). A partir dessa informação, foi preciso buscar pistas sobre esse espaço. A Defensoria Pública do Rio de Janeiro disponibilizou o "Relatório de Visita em Unidade Prisional", no qual constam relatos da inspeção realizada na penitenciária feminina Nelson Hungria no ano de 2016, em que se descreve detalhadamente o espaço físico da cela destinada ao isolamento e ao seguro.[56] Observe o relato a seguir e a imagem da referida cela:

> São 7 cubículos destinados ao setor de isolamento e ao seguro. Localizam-se em espaço externo entre duas celas. Com a entrada franqueada por dois portões gradeados, chegamos a um espaço com aspecto sujo e cheiro horrível. São sete pequenas celas que servem para este tipo de *castigo*, uma ao lado da outra, contendo as famigeradas *comarcas* do sistema penitenciário fluminense, compostas por beliches de ferro. Contam com portas gradeadas além de chapas de ferro. As celas desse setor contêm um espaço ínfimo no fundo utilizado para tomar banho e demais necessidades fisiológicas (nem se pode denominar de "banheiro" porque não há separação desse espaço). O fluxo d'água do chuveiro é bem fraco e em algumas sequer havia a louça do tipo *boi*. Com aproximadamente 6m^2 (as seis celas menores) e 12m^2 (a cela maior, ao fundo), abrigavam de 1 a 2 internas, todas com aspecto deplorável e com problemas quanto à iluminação (Rio de janeiro, 2016, p. 7).

56 Lugar destinado a presas que ficam alojadas em celas separadas das demais por uma razão de "segurança" das próprias em relação ao crime cometido.

Figura 2: Cela de isolamento do presídio Nelson Hungria (RJ)
Fonte: Rio de Janeiro, 2016.

A autora dos relatos que apontam violações sofridas, tendo redigido sua carta em 2016, encontra as mesmas violações citadas em escritos anteriormente expostos aqui. São potencializadas ainda por outros aspectos relacionados à desumanização:

> O que tem acontecido aqui, falta de ventilação, falta d'água, não temos banho de sol, assim temos que ficar gritando para poderem vim uma vez ao dia. Não tem remédio, quando tem ficam prendendo, quando tem visita é ao ar livre (tudo bem e bom!), mas quando está frio ficamos no relento, já teve algumas vezes que ficamos sem lanche, sem ter o que comer, e isso acontece com o café da manhã também. É muita umidade na cela e tem coleguinha que dorme no chão c/ infiltração. Aqui eu sou seguro, somos muito mais humilhado, visto como mostro, bicho perante as outras presas. Estamos no século 20, isso tem que acabar, somos filhos de Deus, ser humano como eles. Quando voltarem aqui, não mostre essa carta, pois irei passar por represaria depois que vocês irem embora. Fique na paz! (Elza, 2016).

Da carta de Elza, foram selecionados alguns fragmentos mais importantes. Nota-se que, quando há uma chance de não serem vilipendiadas, imediatamente essa chance se esvai. A escritora informa que, quando tem remédios, não são disponibilizados para quem precisa. Quando tem visita, a condição climática precisa colaborar para que seja um momento satisfatório. Quando a alimentação não está imprópria para o consumo, está racionada. É uma condição de precarização que violenta o corpo e a alma da mulher aprisionada constantemente.

Nada mais eficaz para um sistema penal punitivista que a mortificação (Goffman, 1961) física e psíquica da apenada para mantê-la sob a égide do controle. Afinal, o poder hegemônico considera que ela foi capaz de infringir todas as regras impostas pelo patriarcado, logo a punição ultrapassa os limites da condenação imposta. Acredito que a situação relacionada à saúde nos presídios femininos é um indício do genocídio anunciado, do controle social que eterniza as máculas das moléstias carcerárias no corpo daquelas expostas ao sistema penitenciário. Vejamos a seguir uma narrativa de degradação humana e desumanização extrema dentro de uma das penitenciárias femininas no estado do Rio de janeiro:

> Carta urgente,
>
> Sr. do Instituto, venho por meio desta carta explicar minha situação. Com o decorrer do tempo, apareceu uma mancha branca no rosto que foi alastrando no corpo todo, fiquei desesperada e entrei em depressão. Até as funcionárias estavam com medo de me dar a corporal.[57] Somente depois de um ano presa, me encaminharam ao ambulatório porque estava pior a cada dia, fiz biopsia, tiraram vários pedaços do meu corpo para fazer exame, já faz muito tempo, e até agora não obtive a resposta do exame. Mas o médico receitou banho de sol todo os dias 15 minutos de frente e 15 minutos de costas e nada fizeram. Não sei mais o que fazer, as pessoas só me olham com preconceito, principalmente as guardas. Fiz todos os exames

57 Prática realizada pelas agentes penitenciárias que consiste em vistoriar o corpo da presa para certificar que esta não esteja abrigando em seu corpo algo irregular.

> para condicional e nada ainda. Mas também, como vou sair assim? Tenho vários apelidos por causa das manchas, não sei ler e nem escrever e tenho três filhos [...] será que vou contaminar eles? Só peço que me ajude. Meu marido também está preso e o Estado está me matando[58] (Anônima, 2016).

Nesse relato, confrontamo-nos com a ausência absoluta do Estado na forma de desrespeito à vida da referida privada de liberdade. Além disso, evidencia-se o endurecimento do sistema frente às particularidades da apenada, que relata ter adquirido doença sob a tutela estatal. Por isso, o fomento da violência, de qualquer ordem, também faz parte do escopo do controle social que reforça as chagas da subalternidade. Nesse caso específico, devido à discriminação ao diferente, ao questionamento de sua condição de não ser letrada numa sociedade que privilegia esses códigos, ela chora a ausência dos filhos e também do marido, que está encarcerado no presídio masculino.

Em todas as cartas mencionadas encontramos a confirmação de um "sistema carcerário do abandono". Assim, as narrativas que denunciam violações relacionadas aos direitos humanos mostram o sistema que opera de forma multifacetada e pensada para punir aquelas que ali se encontram. Convém ressaltar que existem várias outras cartas que relatam a desumanização sofrida; não obstante, percebe-se que não se pode negar outras formas de operacionalização da justiça que se diferenciam daquela que é dita "para todos", o que vai na contramão do discurso oficial conhecido da área.

---

58 Neste relato não há a identificação da apenada, uma vez que ela relatou em sua carta que não deseja ser identificada porque teme sofrer alguma violência institucional por estar denunciando os problemas existentes no presídio.

A EDUCAÇÃO É PARA TODOS... PARA ELAS, NÃO!

O acesso à educação no sistema penitenciário é um tema que merece ser revisado, pois os relatos evidenciam desejo das presas em continuar os estudos dentro e fora do cárcere. Como mencionado anteriormente, porém, o quantitativo de mulheres presas ultrapassa o número de vagas disponíveis nas escolas formais dentro do complexo penitenciário feminino.

No estado do Rio de Janeiro, a oferta da educação nas prisões é realizada a partir da Educação de Jovens e Adultos (EJA), em cumprimento à Lei de Diretrizes e Bases da Educação (LDB — n° 9.394/1996) e à Lei de Execução Penal (LEP — n° 7210/1984) e ao Art. 205 da Constituição Federal Brasileira, que garante a todos os cidadãos deste país o direito à educação (Brasil, [2016a]). A LEP, que dispõe sobre medidas privativas de liberdade, em seu Art. 11, preconiza que:

> a assistência será:
> I - material;
> II - à saúde;
> III - jurídica;
> IV - educacional;
> V - social;
> VI - religiosa (Brasil, [2015]).

Atualmente, a educação nas prisões é oferecida pelo estado do Rio de Janeiro através da rede estadual de ensino. De acordo com o entendimento do professor Elionaldo Julião (2013), a Lei de Execução Penal configura um dos principais marcos para a educação aos sujeitos em situação de restrição e privação de liberdade. O autor menciona que a LEP impulsionou a Lei n° 12.433/2011, que também permitiu a remição de pena através da educação.

De acordo com as informações disponibilizadas pelo Plano Estadual de Educação nas Prisões, referente ao ano de 2012, é possível verificar o breve panorama da assistência educacional no estado do Rio de Janeiro, ainda que os dados não sejam recentes. De acordo com o levantamento, dentro das 17 unidades prisionais há 14 colégios estaduais, dois anexos e um Núcleo Avançado de Centro de Educação de Jovens e Adultos, quando se indicava que a demanda era de 31.496 detentos para a oferta de 5.773 vagas disponíveis à época. Foi possível identificar, ainda, que o Instituto de Cultura e Consciência Negra Nelson Mandela está mencionado como parceiro na oferta da educação não formal, conforme o quadro a seguir:

Oferta de Educação Não-Formal

ATIVIDADES OFERECIDAS	PARCERIAS
Oficinas de Arte (artesanato, danças, pintura, teatro)	FSC, Afroreggae
Cursos livres (informática, estética, teologia)	FSC, Empresas Privadas, Faculdade Iguaçuana de Teologia, entre outros.
Palestras	Instituto Nelson MANDELA, Ministério da Saúde, Projeto Vida, Narcóticos Anônimos, etc.

Tabela 1: Plano Estadual de Educação em Prisões do Rio de Janeiro – 2012
Fonte: Rio de Janeiro, 2012, p. 20.

No que tange ao cárcere feminino, nos dois principais presídios de onde vêm as cartas — a Penitenciária Talavera Bruce e o Presídio Nelson Hungria —, há Escolas Estaduais, sala de leitura e biblioteca. Quanto ao perfil educacional das presas, segue a verificação nas tabelas a seguir.

NÍVEL	QUANTIDADE	PERCENTUAL
Analfabetos	6	1,5%
Apenas sabem assinar	5	1,3%
Alfabetização	10	2,5%
Ensino Fundamental Incompleto	226	58%
Ensino Fundamental Completo	47	12%
Ensino Médio Incompleto	21	5%
Ensino Médio Completo	39	10%
Ensino Superior Incompleto	2	1%
Ensino Superior Completo	2	0,5%
Acima de Superior Completo	0	0%
Não informado	30	7,7%
Sem informação	2	0,5%
TOTAL	390	100%

Tabela 2: Nível de escolaridade das detentas da Penitenciária Talavera Bruce
Fonte: Rio de Janeiro, 2012, p. 24.

NÍVEL	QUANTIDADE	PERCENTUAL
Analfabetos	8	1,5%
Apenas sabem assinar	1	0,2%
Alfabetização	26	5%
Ensino Fundamental Incompleto	251	48%
Ensino Fundamental Completo	52	10%
Ensino Médio Incompleto	30	6%
Ensino Médio Completo	42	8%
Ensino Superior Incompleto	3	1%
Ensino Superior Completo	9	1,7%
Acima de Superior Completo	0	0%
Não informado	67	12,8%
Sem informação	520	5,9%
TOTAL	520	100%

Tabela 3: Nível de escolaridade das detentas do Presídio Nelson Hungria
Fonte: Rio de Janeiro, 2012, p. 26.

Os dados apresentados nos permitem localizar a importância do Instituto Nelson Mandela como uma organização que colabora ativamente para a formação dos detentos e detentas no estado do Rio de Janeiro a partir da educação não formal. As narrativas das cartas corroboram essa percepção:

> Participei da palestra que teve na unidade no mês de maio, me interessei e resolvi escrever. Conheço pessoas que são ajudadas por vocês, e pensei será que não posso ser uma delas (Mahin, 2012).

Nesse trecho, vemos que a escritora se sente motivada a escrever para o Instituto após palestra ministrada por José Carlos Brasileiro, e parece demonstrar esperanças na correspondência de sua súplica. Geralmente, Brasileiro era responsável por essa atividade educacional, sempre com o discurso motivador de quem já viveu o cárcere. Compartilhava sua trajetória de vida, informava sobre o trabalho desenvolvido pela entidade, incentivava a escrita das cartas e distribuía panfleto da instituição, que continha o endereço para onde as correspondências poderiam ser direcionadas. Com essa prática, ele estimulava a circulação das missivas entre o cárcere e o Instituto.

Entre 2010 e 2016, a prática da escrita das cartas foi incentivada dentro e fora dos estabelecimentos prisionais. Entre os anos de 2011 e 2012, Brasileiro se encontrava enfermo, impossibilitado de frequentar os presídios, e, por isso, o número de cartas recebidas no período foi reduzido drasticamente, assim como demonstrado no Quadro 2 (Apêndice B) desta pesquisa.

Felippa também faz menção a uma palestra que assistiu no presídio feminino:

> Eu adorei a palestra, todos falaram muito bem e foi um dia muito abençoado, saímos pessoas transformadas interiormente pois elevou muito a nossa auto-estima, as vezes num pequeno gesto e numa pequena palavra faz toda a diferença como por exemplo hoje eu e minha colegas do coletivo falamos: EU SOU ESPECIAL...
>
> Pois as vezes esquecemos o nosso valor então Sr° surgiu naquele dia para dar-nos um sacode, um acorda, você não está sozinha pois tem o

Instituto Nelson Mandela sendo representado pelo o Sr° José Carlos Brasileiro olhando por nós e vendo as brechas e direitos que existe dentro da lei para nos ajudar.

Para o senhor: JOSÈ CARLOS BRASILEIRO

O meu mais que merecido parabéns por defender as nossas causas e lutar pelos internos, sei que deve surgir muitos obstáculos mas também sei que o Sr° dibla com diplomacia e não desiste nunca, fico grata pela atenção (Felippa, 2014).

Nessa narrativa, é possível perceber como a mulher escritora foi impactada. Entendo que, por pior que estivesse sua vivência no cárcere, ela percebeu o alento em meio ao caos e à possibilidade de não estar sozinha na multidão encarcerada. Assim, a potência desse discurso revela a aprendizagem possível também para as presas.

Sobre a relação com a educação, encontraram-se narrativas diferentes umas das outras. Algumas informam que desenvolvem atividades educacionais na escola prisional formal; outras, que são pouco escolarizadas. Existem ainda as cartas das mulheres não alfabetizadas escritas por outras presas. Em relação à figura das "escribas"[59] entre as presas, observa-se:

Brasileiro, como você disse na carta que se alguma amiga minha precisasse da sua ajuda. Bem aqui está uma amiga do sofrimento, ela já se encontrou presa várias vezes, estou com ela dia a dia e vejo o sofrimento dela, até porque a filha dela se encontra presa aqui também, também a família delas abandonaram elas aqui. Não tem ninguém para agir a vida dela e ela já conhecia o Instituto Nelson Mandela e ela está lhe mandando essa escrita com a finalidade de ser ajudada, ela não sabe escrever. Obrigado por tudo

59 Na Antiguidade, escribas eram os profissionais que tinham a função de escrever textos, registrar dados numéricos, redigir leis, copiar e arquivar informações. Como poucas pessoas dominavam a arte da escrita, os escribas possuíam grande destaque social.

> que o Instituto puder fazer para ajudá-la. A última esperança dela é vocês. Esperamos a resposta, mas coloque a carta em nome de carta 11 (Bell, 2009).

Selecionei uma carta escrita no final de 2009 para exemplificar o que Dandara, umas das egressas entrevistadas para esta pesquisa, relata sobre escrever por suas companheiras de cela. Ela também sempre indicava o Instituto para que pudessem requerer suas demandas. Dandara explica as razões da escrita e identifica a carta como se tivesse sido escrita por Bell. A escriba denuncia as dificuldades dessas mulheres que contam com a solidariedade de outras para que sua voz seja externada, como se vê na carta de Maria, a seguir:

> Venho através dessa escrita lhe pedir ajuda. O meu segundo processo eu fui presa em Niterói fui a julgamento e o juiz decretou 2 anos para mim assinar na rua, e assinei 6 meses e depois me transferiram para assinar no Rio no fórum da capital, mas como eu sou analfabeta, mi perdi e dexei de assinar. Fiquei 7 anos sem cometer delito e agora fui presa de novo. Não tenho advogado, moro numa comunidade carente, meus filhos estão com minha mãe e gostaria que o senhor mi ajuda-se a explicar o meu processo pois sou analfabeta, amiguinha que escreveu essa escrita para mim. Eu não tenho visita. Mi ajuda por favor (Maria, 2010).

Nessa carta, encontram-se os danos acarretados pelo fenômeno do analfabetismo na vida dessa apenada em crime posterior ao relatado. Em crime anterior, ela recebeu uma pena não superior a dois anos, sendo obrigada a cumprir com as regras estabelecidas pelo juízo — tal como relatado, o comparecimento pessoal e obrigatório a juízo mensalmente. Por uma simples falta de comunicação da mudança de juízo, a apenada descumpriu a lei, parando de assinar os devidos documentos, e poderia ter sido penalizada. Na prisão atual, encontra-se na invisibilidade, sem ter conhecimento de sua vida processual, dependente da ajuda de outras para dissertar sobre sua súplica.

Há também as presas que, ao concluírem o Ensino Médio, realizam a prova do Enem, conseguem aprovação, mas esbarram nas barreiras impostas pelo sistema. Ângela conta o seu doloroso processo entre os anos de 2013 e 2014, quando obteve aprovação no Enem, mas não conseguiu realizar a pré-matrícula para ingressar na universidade:

> Aqui participei do ENEM e consegui passar para a 3° fase da UERJ para Serviço social e Direito, dentre tantas inscritas só eu e mais passou para a 3° fase, assim peço mais um favor. Por favor veja o resultado da UERJ que saiu 27/02 com meu número de inscrição (Ângela, 2013).

> Amigo, tanta luta não é em vão, hoje fui informada pela escola que tive pontuação no ENEM para o SISU (sistema se seleção unificada) para cursar a faculdade de direito pela Universidade Federal do Rio de Janeiro no 1° processo seletivo de 2014. Eu e mais duas internas lutamos pela pré-matrícula. Mas estamos enfrentando problemas já que sem acesso tivemos esta informação dentro do prazo. O órgão responsável é a inserção que notificou a unidade no dia 14/01/2014, por sua vez a unidade notificou a escola no dia 21/01/2014. A pré-matrícula foi entre os dias 13 a 17 de janeiro pela internet. Assim acredito que houve negligência, a inserção não quer aceitar nossa pré-matrícula. Brasileiro, gostaria de saber como pode ajudar nesse sentido. Todas nós lutamos muito por essa vaga e precisamos muito de ajuda para que possamos superar uma vida de erros e renascer mulheres vitoriosas. Aqui dentro não há oportunidade de trabalho para todo mundo. Peço mais essa oportunidade para que eu poça mostrar a sociedade que se tivermos oportunidade podemos nos tornar pessoas melhores que contribuem para uma sociedade mais justa e igual para todos (Ângela, 2014).

Ângela se comunica com o Instituto em dois momentos diferentes. O primeiro em 2013, quando soube que estava progredindo nos resultados disponibilizados pelo Enem. O segundo, já de posse do resultado da sua aprovação. Mesmo superando as fases para que conseguisse aprovação, a morosidade do sistema prejudicou a pré-matrícula de Ângela e de outras presas que também conseguiram êxito no vestibular, segundo a escritora.

De acordo com informações adquiridas durante a vivência com o Instituto, entendi que, para que as/os apenadas/os possam se inscrever para o vestibular do Enem, é necessário que se dirijam à/ao diretora/or pedagógico de sua unidade prisional para solicitar que a/o profissional faça sua inscrição, que ocorre em período diferenciado dos candidatos em geral. A sentenciada pode cursar o Ensino Superior, mas dependerá do regime de cumprimento de pena e da estrutura da penitenciária, caso haja disponibilidade de cursar a faculdade à distância — além de, principalmente, passar pelos trâmites legais do Poder Judiciário e da Administração Penitenciária.

A escritora da carta cumpre sua pena em regime fechado, mas diz: "acredito que este ano as três consigam progredir de regime" (Ângela, 2014). No envelope da carta, Brasileiro sinaliza a necessidade de informar ao órgão responsável sobre a urgência dessa demanda.

Com base nos relatos indicados, ao fazer uma análise crítica sobre o direito à educação no sistema prisional, percebe-se que esforços ainda precisam ser empreendidos para solucionar as lacunas existentes no sistema. Para a mulher presa, o estudo, além da função social a que se destina, representa uma oportunidade de remição de pena, desafogando o sistema. Nesse contexto, ainda se usa o termo "reeducandas" em referência às sentenciadas, atribuindo ao sistema carcerário, por si só, a função de restaurador de vidas ou "ressocializador", ignorando-se a necessidade de pensar medidas que gerem políticas públicas e investimentos de fato educativos.

O ICCNNM vinha desenvolvendo informalmente a promoção de ações educativas dentro do cárcere feminino, com propostas de palestras e cursos para diversos fins. A sugestão desta pesquisa é de que o trabalho com as cartas é uma das frentes educacionais que circundam o sistema, propondo uma educação que instrui, possibilita o cruzamento e as trocas de conhecimentos, e ainda prepara para a recuperação de uma pretensa cidadania da apenada.

AS MULHERES EXISTEM NO SISTEMA CARCERÁRIO

Em algumas das missivas, as autoras problematizam sua condição de mulheres encarceradas. As narrativas sobre si mesmas relacionadas ao cotidiano da prisão ensinam a reafirmar que a "cadeia para elas é muito pior do que para eles"[60]. Assim, seus escritos trazem situações específicas que ocorrem nos presídios femininos. A partir do olhar crítico das escritoras, vislumbra-se o espaço que não foi pensado para elas. É o posicionamento da sujeita encarcerada que questiona o sistema penitenciário feminino.

Soares e Ilgenfritz (2002), em *Prisioneiras: vida e violência atrás das grades*, indicam que as prisões femininas no Brasil foram idealizadas por Lemos de Brito, encarregado do projeto de reforma penitenciária nos anos 1930. As autoras narram que:

> [...] é possível supor, com base nos argumentos de Lemos de Brito, que a criação de presídios só para mulheres destinava-se, antes, a garantir a paz e a tranquilidade desejada nas prisões masculinas, do que propriamente a dar mais dignidade às acomodações carcerárias, até então compartilhadas por homens e mulheres (Soares; Ilgenfritz, 2002, p. 57).

Com a construção arquitetônica, veio a necessidade de arregimento dessas mulheres, para torná-las dóceis, religiosas e voltadas às atividades domésticas do espaço privado. Preocupam-se com a mulher para que ela não tenha mais o despudor de contrariar o sistema, que opera sob a lógica do machismo, e não ocupe o espaço público do crime.

O que percebo é a ideologia permanente de que essas mulheres precisam se adequar aos padrões patriarcais baseados na submissão, na construção da suposta mulher que vive a religiosidade e que desempenha funções relacionadas ao lar. As cartas indicam que, além desse direcionamento, também há abandono institucional e falta de

---

60 Relato de conversa informal com Brasileiro.

investimentos nos espaços carcerários femininos, o que acarreta danos reais para a vida dessas mulheres.

Sobre a invisibilidade da mulher encarcerada, direcionemos nosso olhar aos escritos das mulheres estrangeiras presas no Brasil, que se sentem desumanizadas. Tais cartas narram as dificuldades que sofrem deslocadas de seus países de origem. Destaca-se o importante relato de uma estrangeira que identifica, dentre outras tensões relacionadas ao cárcere, a dificuldade de ser mulher no Brasil:

> Uma cartinha em nome de todas estrangeiras. Ajuda-nos entender o proque? Que está em nossos corações:
>
> Pro que os homem estrangeiros presos do Rio de Janeiro, eles tem os direito como dos brasileiros e nos mulheres não? Pro qué eles ganham os benefícios pro exemplo de ficar fora e voltar para a cadeia assinar até a cadeia acabar? Por exemplo meu malido, ele pegou mais de 10 anos e cumprio metade da pena e já saiu de condicional e eu peguei 5 anos e continuo presa e a defensoria me diz que não tenho direito a condicional [...] Sou Peruana, porque as mulheres não tem os mesmos benefícios que os homens? Com quem nos podermos falar sobre esta questão? O amigo estrangeiro saio em Maio deste ano, cumpriu a pena de 5 anos e poucos meises e a pena dele é de 16 anos. Por que é assim?
>
> Porque ninguém ajuda as mulheres, pelo o amor de Deus? Obrigada pela atenção. Eu transmiti esta cartinha em nome das mulheres que está aqui comigo. Ass: Valesca, Maria, Manuela, Paty, Aline, Marlene e eu[61] (Vera, 2015).

A densidade nesse relato não se restringe somente às mulheres estrangeiras; expande-se, ao modo de discriminação e opressão, para todas as mulheres privadas de liberdade. Essa mulher evidencia a violência direcionada ao gênero feminino, que se reproduz no cárcere, ou seja, indica o patriarcado e o machismo imperando institucionalmente.

---

61 Nomes fictícios.

Já Ana traz a narrativa de sua indignação enquanto mulher que possui especificidades ignoradas pelo presídio onde se encontra encarcerada, mesmo quando o estabelecimento prisional é conduzido por outra mulher. Seu texto parece trazer um momento de desabafo:

> Senhor aproveitando eu queria também que o senhor me ajuda-se a mudar a diretora deste presídio, pois ela não está administrado aqui direito, as presas passa mal e só é atendida quando quase está morta, o que elas fazem mais rápido é colocar no isolamento eu queria muito que essas coisas muda-se, e pior das coisas aqui só pode entrar sedex de 15 em 15 dias e só 8 quilos e quem tem visita e mora no município do Rio de Janeiro não pode receber, eu tenho visita, mas uma vez por mês, sou moradora do bairro de São João de Meriti e não posso receber sedex e na visita não dá para trazer tudo que preciso, só 2 bolsas e a diretora não entende isso, esqueceu que somos mulheres! (Ana, 2010).

A frase "esqueceu que somos mulheres!" da carta de Ana é simbólica. Acredito que Ana sente que todas as mazelas e dificuldades encontradas no seu cotidiano se justificam porque é mulher e denuncia a incompreensão das autoridades quanto à sua vulnerabilidade.

Diante dos relatos mencionados, o aprendizado possível é o reconhecimento de que as mulheres não existem para o sistema. São dimensionadas como corpos sem sentido, sem expressão e sem especificidades.

A SOLIDÃO, A SOLIDARIEDADE E O AGRADECIMENTO

É fato que a solidão das mulheres encarceradas é um dos principais sentimentos enfrentados no dia a dia da prisão feminina. Elas são abrigadas com diversas mulheres em suas celas, mas, quando não encontram apoio das pessoas que as deixaram extramuros, sentem como se estivessem sozinhas na multidão. Sofrem pelo abandono de seus familiares, companheiros e filhos, que, na maioria das vezes, são apresentados em suas narrativas como menores de idade. Esses são fatores preponderantes que explicam a solidão. Na carta a seguir, apresenta-se uma mulher, mãe de quatro filhos menores. Ela relata o seu sentimento de abandono e encontra alento na solidariedade:

> Já estou presa á 7 meses e não tenho notícias deles, mando cartas para as pessoas de lé de onde moro mas ninguém me responde, não tenho visita as colegas de cela que me ajuda, me dando um pouco de cada coisa (Anastácia, 2014).

Nas narrativas analisadas, foi possível perceber que a solidão vem acompanhada da solidariedade e do agradecimento. Algumas indicam a possibilidade do apoio mútuo entre elas:

> Aproveitando minha escrita venho pedir pela coleguinha de cela que si encontra doente porque ela tem aids e sífilis, está sofrendo muito, não tem visita, ela perdeu o filho dela para o abrigo e não tem condições nenhuma de permanecer aqui mas ela não consegue transferência pro hospital para se tratar, olhe o processo dela, mande que eu explico para ela. sou grata por vocês ajudar eu e minha coleguinha (Tereza, 2010).

Acredito que o agradecimento esteja presente em todas as correspondências analisadas. Agradecem pelos boletos recebidos, pelo contato realizado com algum familiar, pela informação compartilhada, pelas visitas realizadas no estabelecimento prisional e por muitos outros motivos. Akotirene escreve somente para agradecer, não faz menção a requisições. Apenas deseja agradecer pelos serviços prestados pelo Instituto e se emociona ao reconhecer que, após escrever várias cartas para espaços diversos, encontrou o retorno único do Instituto:

> Venho mais uma vez a vos escrever, mas dessa vez não venho pedir, mais agradecer, mesmo com os meus dedos impossibilitados de escrever de tanta dor e de tanto escrever estou com os meus dedos atrofiados e feridos. Meu senhor, entre esse 1 ano e 5 meses em que me encontro aqui presa eu já escrevi mais de 270 cartas pedindo ajuda e o senhor foi o único que me respondeu oferecendo ajuda, eu quando recebi vossa maravilhosa carta, eu chorei como estou chorando agora e não acreditei que ainda existe um coração humano, e que não se deve nunca desistir. Obrigado! Que a luz do universo o ilumine com tamanha grandeza. Em breve estarei em liberdade porque a verdade está próxima e eu acredito e serei eternamente grata ao senhor (Akotirene, 2015).

Outros fatores que também contribuem para o distanciamento das mulheres presas dos seus vínculos familiares é a localização dos presídios femininos em lugares distantes das residências dos seus parentes. Problemas de infraestrutura familiar também dificultam o deslocamento até o presídio. Tais razões contribuem para o afastamento familiar e dificultam a assistência para as mulheres presas:

> Eu não tenho sedex e nem vizitas, minha mãe não tem condições de me-vizitar, porque é muito longe para ela vim aqui e ainda trabalha, só daria para ela vim sábado ou domingo. Mas é impossível para ela vim porque tem que te carteirinha se não ela não entra. Estou a quatro mêses e meio esperando cedex dela que nunca chega. Durmo a noite com fome, porque aqui a última refeição é 5 horas da atarde, quem tem vizitas e cedex faz um lanche a noite mas quem não tem dorme com forme. Te envio o telefone da minha mãe, fale com ela por favor (Aqualtune, 2010).

Aqualtune mostra os danos sofridos pelo abandono e relata que, sem visitas, não recebe ajuda com alimentação para além da fornecida pelo presídio. Reconhece que existem formas alternativas, como receber suprimentos pelo serviço postal, mas os presídios têm regras específicas para essas questões.

Todas essas dificuldades quanto à atenção para a mulher encarcerada podem sugerir o reflexo do mundo exterior. Trata-se aqui de narrativas de mulheres encarceradas em um sistema no qual mais de 80% delas são negras e vítimas do racismo estrutural e institucional brasileiro, que dificulta seu acesso à justiça e à cidadania.

TRAJETÓRIAS MARCADAS PELO CONTROLE: AS (DES)ESTRUTURAS FAMILIARES

Os discursos das presas são construídos a partir de suas experiências fora e dentro do cárcere. Percebe-se, então, que são narrativas que carregam a catarse dos sentimentos que envolvem a precarização da vida, o arrependimento e o agenciamento do poder sobre seus corpos. Seus saberes são diminuídos e abafados pelas "celas e trancas" que a sociedade lhes reservou por seus crimes potencialmente demarcados pelo controle social punitivo direcionado à mulher negra e pobre.

Na maioria das cartas, as mulheres escritoras revelam diversos prejuízos que afetam suas vidas. Neste momento, pauto a análise dos prejuízos relacionados à família da mulher encarcerada, que impactam tanto sua vida quanto as estruturas familiares e o futuro de seus filhos, lembrando que, na maioria das cartas, as escritoras revelam que são mães e apontam problemas de saúde, ou denunciam a pobreza pessoal e de seus familiares.

No que tange às políticas públicas e sociais, de acordo com as detentas-escritoras e com dados de pesquisas já desenvolvidas, vê-se a precarização dos direitos sociais básicos, assim como a negligência com a saúde, assistência social e educação, questões importantes que afetam diretamente a população feminina negra, propiciando e sugerindo condições para o encarceramento desse grupo.

Para exemplificar tais escritos, explicito partes do relato de uma mulher presa na penitenciária Nelson Hungria (Bangu 7), no estado do Rio de Janeiro:

> Boa tarde Srs do Instituto Nelson mandela, meu nome é [...], tenho 25 de idade, ganhei meu alvará mas veio prejudicado, por causa de um exame toxicológico, que o juiz pediu, fiquei sabendo que esse exame demora muito e não tenho mais tempo para esperar, pois sou mãe de 5 filhos todos menores de 7 anos, todos estão no abrigo do conselho tutelar, o juiz da vara infantil já me mandou um papel para mim assinar autorizando a

> adoção, mas não assinei, quero esperar esse exame na rua, quero lutar para ficar com meus filhos, não quero perde-los, quero meus filhos de volta, não quero fugir da minha responsabilidade, [...] sei que errei, mas estou impossibilitada de correr atrás dos meus direito de mãe, [...] por favor me ajude, desde já muito obrigado! (Zeferina, 2014).

Uma das fortes características do texto é exatamente o desmascaramento do sistema de justiça, que impõe o controle sobre as famílias e entrega o destino das vidas precárias à própria sorte. A narrativa de Zeferina revela as fronteiras de seu íntimo de genitora e sua incapacidade de prover segurança à prole, revelando sentimentos de medo, dúvidas e insegurança. Aqui, é preciso entender o conceito de controle social proposto por Andrade (2012), uma vez que todos estamos sujeitos a operar o controle, tanto formalmente quanto influenciados pelo senso comum:

> Designam-se por controle social, em sentido lato, as formas com que a sociedade responde, informal ou formalmente, difusa ou institucionalmente, a comportamentos e a pessoas que contempla como desviantes, problemáticos, ameaçantes ou indesejáveis, de uma forma ou de outra e, nesta reação, demarca (seleciona, classifica, estigmatiza) o próprio desvio e a criminalidade como uma forma específica dele (Andrade, 2012, p. 133).

Diversas formas de opressão relacionadas ao controle dos corpos femininos enclausurados podem ser constatadas a partir do exemplo anterior. Fica evidente o controle informal adotado pela culpabilização assumida do crime e a impossibilidade feminina da fuga da responsabilidade como mãe: "quero meus filhos de volta, não quero fugir da minha responsabilidade, [...] sei que errei [...]" (Zeferina, 2014). Também fica evidente o controle formal exercido pelo Poder Judiciário, quando determina a adoção dos filhos do cárcere sem levar em conta a situação familiar e psicológica da mulher, conforme comunicado na carta: "[...] 5 filhos todos menores de 7 anos, todos estão no abrigo do conselho tutelar, o juiz da vara infantil já me mandou um papel para mim assinar autorizando a adoção [...]" (Zeferina, 2014).

Estamos, portanto, diante de aspectos da violência institucionalizada imposta às mulheres em privação de liberdade, que convivem com os seus conflitos intramuros e tentam resistir à opressão. Buscar se fazer visível a partir da escrita já é um ato revolucionário e transgressor para o âmbito situacional da dor que elas expressam em confinamento.

Na narrativa a seguir, Adelina, mãe de três filhos, fala da situação de sua mãe, que não tem condições financeiras ou físicas para cuidar dos netos. Ela lembra que cometeu o crime por causa da sua condição de pobreza. Culpa-se por isso e suplica por ajuda:

> Minha mãe é cega e analfabeta, não entende nada sobre justiça, gostaria muito que o senhor me ajudasse pois estou desesperada, tenho três filhos que se encontram nas mãos dos outros pois minha família é pobre não tem condições financeiras para criá-los, eu fazia faxina para ajudar a minha família, foi onde o desespero aumentou e me fez cometer esse delito é minha primeira e última passagem, pois quero levar uma vida honesta, mais para isso peço ao senhor mais uma vez que me ajude a solucionar o problema. Desde já agradeço pela atenção que Deus lhe abençoe e proteja! (Adelina, 2010).

Em seu texto, podemos identificar os prejuízos relacionados a toda estrutura familiar dessa mulher encarcerada. Ela relata ter sido condenada a cinco anos de prisão. Os filhos estão sob cuidados de outras pessoas que não seus familiares. Possivelmente, os danos que a estrutura familiar sofrerá serão irreparáveis quando vencer sua liberdade.

Em outra carta, encontramos indícios do controle social que afeta a vida das mulheres:

> Nunca tive envolvimento com o crime, sou trabalhadora de família humilde [...]. Meu tempo era corrido quase não tinha tempo para meus filhos que são duas meninas e 1 menino de criação [...], sou mãe solteira e eu nunca abandonei meus filhos até o dia de minha prisão. Minha filha de 15 anos, já trancou 3 colégios, está muito mal, rebelde e com depressão, revoltada com essa situação, sem um pai presente e agora sem mãe. Eu estava me

> divorciando, vim presa sozinha, me associaram a um rapaz suspeito de chefiar o tráfico [...]. Meu filho de 5 anos vai operar o coração agora em novembro, minha mãe está sozinha nessa batalha, tá muito difícil para ela, pois eu era a estrutura da minha família, minha família desmoronou. Me ajude por favor o que fizeram comigo foi uma injustiça, analise o meu processo, preciso ajudar a minha família. Desde já agradeço sua compreensão, com todo o respeito ao Sr. Brasileirinho (Carolina, 2016).

Foi necessário fragmentar essa narrativa para que possamos nos ater aos trechos que se relacionam à categoria analisada. Carolina é mãe solteira de três filhos, como mencionado. Reconhece ter sido o pilar de sua família e indica os prejuízos relacionados aos filhos, que são desprovidos da assistência paterna. Menciona a todo momento, durante sua narrativa, que era trabalhadora e justifica-se quando relata que vivia dentro dos padrões sociais estabelecidos pela sociedade. Ela foi citada anteriormente neste estudo, por seu relato sobre a desumanização sofrida no sistema.

Em ambos os textos encontramos relatos das dificuldades enfrentadas por conta da maternidade. Ao que parece, o Estado não se responsabiliza pelo apoio às mães desprovidas de condições financeiras para prover um espaço adequado para cuidar de seus filhos. Consequentemente, a pobreza é um dos principais fatores para a desestruturação familiar, fatos que devem ser considerados para pensarmos o aumento constante da criminalização da mulher latino-americana.

ENTRE A POBREZA, O TRÁFICO E OS HOMENS

Em 2014, segundo os dados do Infopen Mulheres, 68% das mulheres estavam encarceradas por crimes relacionados ao tráfico (Brasil, 2014b), crime que mais encarcera pessoas vulneráveis como um todo, como a maioria das cartas também indicam. É possível perceber ainda, segundo relatos das trajetórias narradas nas cartas, que é muito frequente a criminalização da mulher por tráfico devido à associação aos homens (parceiros, namorados, maridos) e às condições econômicas da mulher pobre. Aqualtune, de quem já tratei anteriormente, vem enfrentando dificuldades por falta de apoio familiar na prisão. Vejamos a trajetória que culminou no encarceramento:

> Dr: José Carlos fala para a juíza que o meu marido é viciado ele não estava fazendo tráfico alí, ele só usava com os amigos alí por perto isso chamou atenção dos vizinhos por causa do cheiro. Fala com ela que eu sempre avisava para ele, brigava com ele todos os dias por causa disso, mas ele é muito viciado não me escutava, mas era um bom marido, sempre respeitou as crianças usando longe delas, ele fazia as coisas escondida de mim por medo, mas ele não me escutava quando o assunto era drogas ele mentia para mim. Quando os policiais chegaram na minha casa deu voz de prisão a ele porque pegou ele dando um saquinho de cocaína pela janela [...]. Depois a polícia voltou na minha casa e me pegou, meu marido tinha guardado uns saquinhos vermelhos para o amigo dele debaixo do nosso colchão sem eu saber. Olha que enrrascada que estou! (Aqualtune, 2010).

A escritora relata como ocorreu sua prisão. Ela afirma não ter envolvimento com drogas e, de forma ingênua, sugere ao leitor da carta que sua história seja narrada para as autoridades judiciárias, para, quem sabe, ser compreendida na afirmação de que seu marido era usuário e não traficante. É de pleno consenso que a Justiça não opera dessa forma. Porém, estudiosos do assunto já vêm apontando que as mulheres envolvidas no tráfico não fazem parte de grandes organizações criminosas.

Segundo Boiteux (2017), um dos principais motivos para explicar o crescente encarceramento no Brasil é o tráfico de drogas.

> Em resumo, os principais fatores que explicam o excesso de encarceramento no Brasil e que reforçam o processo de criminalização da pobreza são: o aumento dos prisioneiros por tráfico de drogas, especialmente pela nova lei (n. 11.343/2006), sobretudo jovens, vulneráveis, pobres, negros e mulheres, que ocupam posições subordinadas no tráfico, possivelmente usuários, transportadores de pequenas quantidades de drogas, a maioria não reincidentes (Boiteux, 2017, p. 21, tradução nossa).

Conforme a autora, as mulheres se encontram entre os grupos vulneráveis da sociedade e estão relacionadas ao encarceramento como pertencentes aos grupos de pequenos traficantes ou usuários, assim como se verificou nos escritos da carta anterior. Além disso, a situação reflete o processo da criminalização da pobreza, o que pode ser apurado na carta a seguir, escrita por uma jovem mulher de então 23 anos. Anastácia, que já mencionou a solidão enfrentada no cárcere, é mãe de quatro filhos, à época menores de 8 anos de idade, e ainda residia com sua mãe, uma pessoa com deficiência:

> Morava em um hotel abandonado com minha família, fui presa nos artigos 33 e 35, eu não tinha muito envolvimento com drogas, só tinha 5 dias que eu estava traficando. Entrei nessa vida porque estava precisando muito e foi por necessidade, pois lá fora não tinha ninguém para ajudar minha família, era só eu, e com o dinheiro do bolsa família não dava para manter minha família. Hoje em dia me arrependo, a única que ajuda a família era eu, porque minha mãe é analfabeta também! (Anastácia, 2014).

Anastácia informa que foi presa por crime relacionado às drogas, por sua vulnerabilidade econômica. Muitas vezes, os textos indicam a relação entre pobreza e drogas quando as mulheres discorrem acerca dos motivos que as levaram a traficar. Geralmente, se os motivos não estão ligados aos seus parceiros, estão relacionados ao sustento dos filhos. Além desses fatores, a estrutura patriarcal cumpre o seu papel quando encontramos mulheres submetidas aos homens e às drogas, fechando, assim, a tríade que colabora para a criminalização, como mostra a carta de Mariana:

> Venho por meio desta carta, insistindo mais uma vez, porque já mandei outras e não obtive resposta tendo certeza que não foi por desinteresse de vossa excelência, com todo o respeito e com toda a humildade lhe peço que olhasse para o meu caso com carinho, pois sou mais uma de muitas que se encontra em cárcere, sofrendo muito, não reclamando da justiça nem das leis, porém que as penas em relação ao tráfico, principalmente para as mulheres fossem revistas, elas são muita alta, só tem tráfico de gente pobre aqui.
>
> No meu caso aconteceu da seguinte forma, me relacionava com um rapaz a uns 4 meses antes da prisão, ele usava drogas, ele foi preso dentro da minha casa, daí começou meu inferno. Sou uma mulher trabalhadeira, cumpridora dos meus deveres, honesta, principalmente por ser mãe de um menino, do qual precisa muito de mim. [...]
>
> Pois senhor o que estamos pedindo é que a própria sociedade, policiais, juízes, defensores se aprofundem mais nas prisões, sabemos que cadeias precisam existir, mas aqui na nossa cidade, tem acontecido assim; uma mulher conhece um homem, começa um relacionamento sem convívio diário, e o mesmo é preso e quem está junto vem também, sem mesmo nunca ter se envolvido e nem usado, são sentenças de 10, 14 anos, mesmo porque sabemos que se as autoridades se empenhassem e trabalhassem com mais seriedade, reponsabilidade, respeito humano, compromisso com nossa sociedade muitas coisas estariam melhores e diferentes. Pois aqui dentro existem posso afirmar, que existem mulheres que deixaram lar, trabalho, famílias, vidas... não queremos mudanças na lei, mesmo porque somos humildes e sabemos que seria muito difícil sermos atendidas por qualquer autoridade (Mariana, 2010).

Sua missiva tem oito páginas, então busquei visibilizar os trechos mais relevantes, que contam da trajetória que a levou à prisão. Também considerei importante mostrar os momentos em que a escritora apresenta suas impressões sobre a relação entre tráfico, penas, mulheres e homens. A detenta indica que as penas das mulheres para os crimes relacionados às drogas são muito altas e que, fatidicamente, elas são associadas ao crime quando o parceiro o pratica. Ela implora por um olhar diferenciado para esse comportamento social. Ao que parece, ela considera que isso faça parte de uma estrutura social machista. Mariana continua sua reflexão:

> Vossa excelência, nossa cidade tem sofrido muito em relação a tudo que se diz de justiça, prendem mães que acabam sendo obrigadas a deixar nossos filhos na mão de famílias, que por sua vez já tem filhos, para serem alimentados, que precisam estudar, enfim é sempre mais crianças sendo obrigadas a ser criadas por famílias. As pessoas, o mundo está passando por momentos terríveis, quando falo é de todas as classes, policiais corruptos colocando palavras na nossa boca, o fato é acontecido de uma forma, quando chega a hora da nossa sentença perante o juiz é colocado de outra forma, e nós saímos sem poder falar nada.
>
> Quero que saibam que não sou a favor das drogas pois tenho consciência eu a mesma tem destruído famílias e eu tenho filho, como já citei. Tenho certeza que não sou só eu, mas muitas merecem chances de voltar para os seus lares e continuar vivendo uma vida regrada e descente, eu falo por mim, nunca mais vou me envolver com ninguém sem antes fazer um preciozo conhecimento da vida da pessoa. Com todo respeito me responda. Aguardo anciosa! (Mariana, 2010).

A escritora menciona os prejuízos causados à família e aos filhos, acarretados pelo aprisionamento desnecessário das mulheres, e julga a postura vertical dos aparelhos estatais judiciários. Ao final, informa que não é a favor das drogas e menciona: "mas muitas merecem chances de voltar para os seus lares e continuar vivendo uma vida regrada e descente" (Mariana, 2010).

É de grande relevância o relato mencionado, uma vez que, ao mesmo tempo que a escritora denuncia a opressão sofrida pelas mulheres, compactua com o pensamento hegemônico estabelecido que reserva o lugar da mulher à vida "regrada e descente". Essa passagem é um convite à reflexão, pois, ou reforça a operacionalização do poder patriarcal exercido sobre o corpo da mulher ou, então, inverte essa lógica. Podemos pensar que a escritora está agindo taticamente para convencer seu leitor de sua suposta integridade moral.

AS MULHERES GRÁVIDAS

Suplício: é o que elas experimentam. Assim aprendemos com as narrativas das mulheres encarceradas que viveram a gravidez no cárcere. Essa categoria não poderia passar despercebida diante de tantos relatos agonizantes que narram a experiência da gravidez. Além de exporem questões de desumanização do sistema carcerário, indicam principalmente a gravidez relacionada ao mundo anterior à prisão e dizem como administram as tensões geradas.

O estudo intitulado "Mulheres e crianças encarceradas: um estudo jurídico-social sobre a experiência da maternidade no sistema prisional do Rio de Janeiro" (Boiteux *et al.*, 2015), realizado pelo grupo de pesquisa em Política de Drogas e Direitos Humanos, da Faculdade Nacional de Direito da Universidade Federal do Rio de Janeiro (FND/UFRJ), aponta que 70% das presas grávidas estão relacionadas ao crime de tráfico de drogas. Menciona ainda que as gestantes ficam no Presídio Talavera Bruce e, logo após o nascimento dos filhos, são transferidas para a Unidade Materno Infantil, até aproximadamente os seis meses de vida do bebê, quando ocorre a separação entre eles. Estatisticamente, segundo o estudo, a maioria são mulheres jovens — 78% têm até 27 anos —, 77% são negras e pardas, 82% são solteiras e, em sua maioria, têm baixa escolaridade — 75,6% não têm o Ensino Fundamental completo e 9,8% não sabem ler nem escrever (Boiteux *et al.*, 2015).

É importante localizar o perfil dessas mulheres, uma vez que relatos de um grupo específico estão em análise. A seguir, serão abordadas as trajetórias de três mulheres que falam de seus momentos de dor e sofrimento enquanto estiveram grávidas. Elas narram como foram encarceradas e os prejuízos que sofreram durante o processo.

Na época, Tereza tinha 27 anos de idade e era mãe de quatro filhos. Foi mencionada anteriormente, no tópico relacionado à solidão, à solidariedade e ao agradecimento. Ela é uma das apenadas que escreveu pedindo ajuda para uma "coleguinha" de cela. Neste momento, narra a sua dolorosa trajetória enquanto esteve presa grávida:

> Vim presa grávida, de 4 meses, estava na prisão fechada quando fiz 7 meses, passei mal fui pro hospital com perca de líquido para ganhar minha filha. Chegando lá falaram que iam fazer uma sezariana em mim não fizeram nada. Fiquei 5 dias perdendo liquido direto, tive minha filha sozinha em uma sala, ela nasceu com pouco oxigênio no serebro e uma doença no pulmão, depois de cinco dias no hospital mandar-me de volta para a cadeia e ela ficou na UTI intubada e o medico falou que ela não tinha chance de sobreviver porque ela só respirava por aparelhos e ela foi transferida para outro hospital e operaram o pulmão dela e depois de dias ela foi para casa e até hoje não a conheço, ela faz tratamento, toma gadernal e outros medicamentos, hoje ela tem 5 meses queria muito que o senhor conseguisse uma autorização com o juiz para eu ver ela e conhece-la queria muito que o senhor visse meu processo para ver se consigo beneficio, eu tenho um filho de 4 anos, um de 8 anos e uma de 12 estão todos com minha mãe. Então tá sendo muito difícil para minha mãe, e eu estou muito arrependida de tudo, tudo que eu quero é sair daqui, o nascimento da minha filha me mudou muito. Me ajude por favor, já pedi ajuda na social e na segurança e ninguém me ajuda... por favor não me deixe em silêncio, vou esperar sua resposta...
>
> Quem inventou as grades não sabe a dor de uma saudade. Obrigada pela atenção (Tereza, 2010).

Essa mulher traz uma narrativa de extrema desumanização. Passou por todas as dificuldades durante a gravidez até ser submetida a um parto complicado, que possivelmente ocasionou mazelas irreparáveis para a sua filha. São prejuízos permanentes para a vida da mulher e da criança. A violência institucional que afeta essa mulher de tamanha invisibilidade parece ser naturalizada pelo Estado. À Tereza, diante desse quadro, não foi concedido o direito de conviver com a filha no tempo estipulado em lei. Ela sequer conheceu a menina. Precisa se preocupar com seus outros três filhos e sua mãe, e ainda clama ao leitor da carta: "não me deixe em silêncio".

Esperança tinha, à época, 25 anos de idade. Descreve seus conhecimentos jurídicos ao relatar sua situação processual. Denuncia a morosidade da assistência jurídica pública, reconhece seus erros mediante o poder disciplinar e narra como foi sua experiência enquanto grávida no sistema:

> Senhores venho encarecidamente pedir ajuda aos senhores, fui presa nos artigos 33 e 35 sou réu primaria peguei 12 anos de prisão, sendo que na apelação caiu 8 meses do 33 aí a minha sentença passou a ser 11 anos e 4 meses. Eu queria muito ganhar uma pulseirinha[62] para poder cuidar dos meus filhos, por favor me ajudem eu sou assistida pela Defensoria pública, só sei do meu processo de 3 em 3 meses, sou uma presa disciplinada nunca tive parte disciplina, meu erro foi ter evadido, eu sei que errei mas peço perdão disciplinar e uma nova chance para viver cuidando dos meus filhos. Vim grávida de 2 meses, tive minha filha dentro da ambulância do SOE por demora para pedirem emergência, mas com a graça de Deus deu tudo certo e sendo assim por eu ter vindo grávida eu paguei o meu castigo no regime fechado, fiquei 7 meses na UMI com meu neném, e quando voltei para o semiaberto minha situação ficou meio complicada. A separação me doeu muito, doí dentro de mim lembrar dela e pensar nela longe e ainda quando fui presa peguei uma sentença muito alta, eu era menor de 21, tinha 19 anos de idade, agora eu tenho 25 (Esperança, 2016).

Esperança relata que deu à luz dentro da ambulância do SOE enquanto estava sendo transportada para o hospital, devido à morosidade do sistema. Seu sentimento de dor por se separar tão cedo de seu bebê indica ser necessário pensar formas alternativas de justiça para as mulheres. Ela sofreu danos que impactarão a sua vida, e a penalidade será refletida na vida de sua filha. São prejuízos que afetam estruturas não somente familiares mas também da sociedade como um todo, quando se pensa nos efeitos psicológicos futuros que essa separação ocasiona a toda uma geração.

---

62 Meio eletrônico de controle da presa que cumpre sua pena em regime semiaberto, denominado tornozeleira eletrônica.

Felippa é mãe solo de dois filhos e, à época, tinha 35 anos de idade. É reincidente. Explica o motivo pelo qual voltou para a prisão e rememora momentos de sua gravidez na ocasião de sua primeira detenção:

> Essa é minha segunda passagem, confesso que errei de verdade, mas dessa vez eu cai num golpe de bate papo pelo telefone da furação 2000. Conheci um rapaz com o nome de Allan[63] há 6 meses no bate papo e devido eu falar da minha vida pessoal pra ele, aí ele me disse que era dono de loja na 25 de Março em SP. e eu contando minha situação, dos meus filhos e da minha vida financeira devido o preconceito de quando passamos pelo cárcere nós somos muito recriminada e não estava conseguindo trabalho aí ele me disse que era para eu ir em Botafogo para encontra com a irmã dele, porque ele ia me dar uma bolsa com chinelos para mim vender. Eu fui encontrar com ela, quando peguei a bolsa onde disse que estava, eu fui presa e a pessoa que ele dizia que era irmã virou vítima. Será que eu iria ser tão tola que eu ia pegar uma bolsa numa rua cheia de gente para ser presa?
>
> A minha primeira cadeia foi muito dolorosa, eu não tive os cuidados na minha gravidez e devido não ter tratado aqui adequadamente com cuidado necessário que uma gestante merece o meu bebe nasceu no dia 02/12/2013 e ficou vivo só dois dias porque eu estava muito debilitada paguei com o que eu tinha de mais precioso com a vida de um inocente. Peço encarecidamente que reveja o meu processo, eu apenas cai num golpe.
>
> A minha mãe é muito humilde, tá difícil de bancar a minha cadeia e sustentar meus filhos. Através das quentinha que eu fazia e vendia no calçadão e mototaxi em Santa Cruz que ela está sustentando os meus filhos e minha mãe já é idosa e ela chega aqui que me dá dó de ver ela sofrendo por um erro que cometi (Felippa, 2014).

Novamente observo a figura masculina envolvida na criminalização da mulher. Felippa relata ter sido vítima de um golpe arquitetado para prendê-la, fala sobre o preconceito da sociedade frente à sujeita encarcerada e sobre a dificuldade de conseguir se inserir no mercado

---

63 Nome fictício.

de trabalho. Vivia em um relacionamento em que não há relatos de afetividade e, na esperança de conseguir trabalho para ajudar nas despesas da família, indica que caiu num golpe. Tenta comprovar os fatos ao descrever como foi vivenciar a gravidez em sua primeira detenção.

Felippa descreve a dolorosa perda de seu filho, que ficou vivo somente durante dois dias após o nascimento. Conta que estava muito debilitada porque não tinha acesso aos cuidados necessários para uma gravidez saudável e sem complicações. Agora, presa novamente, se preocupa com as questões econômicas da família, que sobrevive da venda de quentinhas.

Como será perder um filho para o Estado? Será que só há esse destino para as mulheres, jovens e pobres neste país? Essas são questões sobre as quais parece não haver interesse em debater, muito menos solucionar, quando se trata da massa carcerária feminina.

Ainda no ano de 2017, presenciou-se o debate em torno da prisão domiciliar concedida pelo Tribunal Regional Federal do Rio de Janeiro a Adriana Ancelmo, esposa de um ex-governador do estado do Rio de Janeiro. Segundo informações amplamente veiculadas nas mídias de todo o país, Adriana Ancelmo foi acusada de crime de corrupção, lavagem de dinheiro e organização criminosa. Teve a prisão preventiva decretada pela Justiça Federal e, logo em seguida, a prisão foi convertida em domiciliar, porque ela precisava cuidar dos dois filhos menores de 12 anos. Para essa mulher, a lei se aplicou.

Conforme o CNJ, a mulher detida em condição de gestação ou com filhos menores de 12 anos de idade pode solicitar a troca do seu regime de prisão preventiva para domiciliar, conforme a Lei n. 13.257, de 8 de março de 2016. Milhares de mulheres nas mesmas condições de Adriana Ancelmo, no entanto, seguem presas. Ela não está incluída nas esferas sociais de subalternidade, é uma mulher privilegiada economicamente e tem acesso aos recursos disponíveis de justiça para que possam tutelar adequadamente seus direitos.

Segundo o Infopen Mulheres (Brasil, 2014b), em 2014 existiam 11.269 mulheres presas sem condenação no sistema penitenciário brasileiro, ou seja, três a cada dez presas são provisórias. Constata-se, pois, que não haveria motivos para a superlotação do cárcere feminino se as determinações legislativas fossem cumpridas. Isso tudo é defrontar-se com uma realidade na qual se criminaliza uma população específica e as leis não alcançam os seus direitos, transformando-a em subalterna pelo mundo perverso e opressor.

ALGUMAS CONCLUSÕES

Neste estudo foram analisadas cartas de mulheres encarceradas no sistema penitenciário do estado do Rio de Janeiro, escritas entre os anos de 2010 e 2016, que tinham como destinatário o Instituto de Cultura e Consciência Negra Nelson Mandela. Foram selecionadas 31 correspondências, que abrangem o panorama dos relatos em comum nas demais cartas. O Instituto é aqui entendido como um espaço de aprendizagens decoloniais, pela aproximação com as demandas dos direitos das/os apenadas/os, evidenciando a proposta do resgate de sua cidadania.

A pesquisa a partir das cartas produzidas por mulheres encarceradas reeduca o olhar para o segmento feminino e para os riscos que o afetam sobremaneira. As trajetórias escritas nas cartas revelam um passado de opressão e um presente de desumanização. São mulheres jovens, pobres, em sua maioria negras, pouco escolarizadas e condenadas por crimes considerados de menor potencial ofensivo. Relatam o suplício da vida no cárcere. São mães, provedoras de seus lares, e seus escritos indicam diversos problemas sociais que as levaram para o "mundo do crime". Essas mulheres, privadas de liberdade, colocam-se frente à responsabilidade de prover o sustento de seus lares e, em outras circunstâncias, são punidas ao se associarem aos crimes praticados por seus companheiros. Esses são relatos comuns nas correspondências analisadas.

No ambiente prisional, elas se deparam com a restrição de acesso aos direitos básicos relacionados à saúde, à educação e à proteção dos direitos humanos. Encontram-se em estado de extrema vulnerabilidade perante a sociedade hegemônica, experimentam a solidão e a dor e sofrem os efeitos do mundo patriarcal que lhes foi reservado e dos espaços que habitam. São isoladas espacialmente de suas famílias. Sem convívio social, são relegadas à solidão que desestabiliza sua estrutura familiar e fomenta prejuízo em sua vida e na daqueles que as cercam. Carregam a saudade e a preocupação com os seus filhos, que raramente estão sob a guarda de seus familiares — ora estão sob guarda de pessoas desconhecidas, ora sob guarda estatal, em abrigos públicos. Observa-se, com isso, diferentes formas de violência contra o segmento, além de se notarem aspectos das suas possibilidades de resistir aos desafios da vida no sistema penitenciário.

Com todo o processo desenvolvido nesta pesquisa, o objetivo principal foi evidenciar outras práticas possíveis, percebendo processos de aprendizagens alternativos, emergentes, que sugerem a interação com o outro em espaços diversos, para além do escolar.

Todo o processo de investigação começou com o manuseio e as leituras das referidas cartas, processo em que foi possível perceber a complexidade reflexiva contida nesses documentos. Tais cartas não são meros escritos, são o reflexo da vida cotidiana das sujeitas encarceradas, tecido no universo prisional, que indica a dinâmica funcional intrínseca de um sistema penitenciário arcaico, que mantém seu *status quo* desumanizante há séculos.

A partir das categorias de análise escolhidas, foi possível alcançar essas vozes e indicar o que insistem em contar. As breves trajetórias de vida tecidas nas cartas refletem experiências cotidianas no cárcere feminino, e nelas percebemos a precarização da vida. É a denúncia "nua e crua" do pesadelo vivido de olhos abertos por essas mulheres, que, com as cartas, pretendem acalmar os seus gritos de desespero, com ações que variam de um simples pedido de orientação sobre como está sua vida processual até o clamor pela averiguação de maus-tratos sofridos por seus corpos.

No que tange aos saberes inerentes às cartas do cárcere feminino, temos como exemplo os escritos de Elza e das mulheres que reconhecem a importância de seu anonimato quando se referem às denúncias relacionadas à violação dos direitos humanos. Nesse momento, aprende-se a realidade narrada pela mulher em privação de liberdade. Estão enunciadas as dificuldades ao viver em travas, o confinamento da mente e do corpo nos espaços controlados, a insalubridade do local onde dormem, a comida estragada servida e a proliferação de enfermidades não tratadas pelo Estado.

Há o clamor por visibilidade no sistema de justiça na carta de Vera, mulher latino-americana, estrangeira, presa no Brasil, que escreve em nome de um grupo de estrangeiras presas na mesma cela. Questiona a pena que lhe foi aplicada, desproporcionalmente superior à aplicada aos homens presos pelo mesmo delito, e direciona seu clamor ao patriarcado com os seguintes questionamentos: "Porque as mulheres não tem os mesmos benefícios que os homens? Com quem nos podermos falar sobre esta questão? Porque ninguém ajuda as mulheres, pelo o amor de Deus?" (Vera, 2015).

Entre o abandono familiar e a saudade dos filhos, a solidão de Anastácia é narrada pelas inúmeras cartas sem resposta escritas para a família. Aqualtune, solitariamente, lamenta a pobreza dos familiares, que, sem condições financeiras, não têm meios para visitá-la no presídio, fixado em local de difícil acesso na cidade do Rio de Janeiro. Akotirene, que escreve frequentemente para diversos órgãos estatais, pedindo ajuda e permanecendo sem retorno após escrever mais de duzentas cartas, também sofre por abandono. Mas, mesmo diante das dificuldades pela falta de sororidade, essas mulheres se reinventam através da solidariedade e afetividade mútuas. Escrevem cartas coletivas e em nome de outras, assim como Tereza, que pede ajuda para a colega de cela: "aproveitando minha escrita venho pedir pela coleguinha de cela que si encontra doente" (Tereza, 2010).

A luta pelo direito à educação se faz presente nas cartas, quando se encontram os relatos, por exemplo, de Ângela, que obteve aprovação no Enem e não conseguiu realizar a pré-matrícula necessária para ingressar na universidade por questões meramente "administrativas". Sua narrativa dimensiona o tamanho dos obstáculos que ela e tantas outras mulheres enfrentam para garantir um determinado direito fundamental básico no espaço carcerário.

Ainda na narrativa da escritora Tereza, encontra-se a dor das mulheres grávidas encarceradas, assim como nas de Felippa e Esperança. Essas trajetórias escritas ensinam a perversidade estatal direcionada a essas mulheres e mostram como são valentes ao contar o que elas e seus filhos/nascituros sofreram no espaço de privação de liberdade. Em outros termos, constata-se que a pena ultrapassa a pessoa que cometeu o crime e se estende aos seus filhos.

É possível ver também que essas mulheres escritoras solicitam algum pedido de ajuda, mas também narram suas experiências no cárcere. São experiências marcantes de enfrentamento árduo pela sobrevivência, são escritos que impactam pelas palavras, indignam pelos maus-tratos retratados e nos instigam a refletir sobre quão doloroso e difícil deve ser para essas mulheres relatarem suas histórias no papel. A realidade de suas vidas encarceradas é transformada em narrativa, em resistência.

Houve um investimento na tentativa de demonstrar como a escrita de mulheres em espaços de confinamento, como as prisões, pode ser ressignificada em luta. É um caminho possível, embora não facilitado pelo sistema, mas é uma estratégia real e legal no Brasil. Lançar mão desses escritos é considerá-los ferramentas indispensáveis para que os direitos humanos sejam problematizados criticamente a partir daquelas/es que enfrentam a realidade. Para as mulheres encarceradas, a escrita pode ser encarada como desafio que subverte o silêncio entre grades, revelando a "ousadia" da não tolerância à violência que lhes é imposta.

Nesse caminhar, foi possível perceber a potência desses escritos e de que forma podem ser o veículo para a prática educacional alternativa em espaço *outro*. O ir e vir das cartas e a recepção delas pelos agentes colaboradores do ICCNNM, que atuam em prol do outro, revelaram o processo educacional no qual se aprende umas/uns com as/os outras/os. É na convivência cotidiana com o universo carcerário que se moldam as ações impulsionadas pelas/os colaboradoras/es do Instituto. É a ação desenvolvida que promove a educação mútua entre estas/es e aquelas/es apenadas/os.

O que procurei evidenciar aqui foi a educação pautada na valorização de saberes emergentes, que orientam uma perspectiva de descolonizar as relações estabelecidas na sociedade. Revela-se, portanto, a busca por novas acepções e compreensões de espaços que possam permitir a pedagogia calcada na (re)criação de outras práticas emancipatórias de ensinar e aprender — a pedagogia decolonial.

Trazer a compreensão do sistema prisional feminino e do controle social imposto às mulheres encarceradas a partir do olhar crítico criminológico ajudou a dimensionar as tensões existentes nesse campo, no qual o poder estatal é o instrumento principal que recai sobre esse segmento populacional e o desumaniza cotidianamente. Para a construção deste estudo, a presença de diversas áreas do conhecimento é necessária, pois ele é atravessado pelos aportes relacionados aos estudos jurídicos, sociais e educacionais.

No decorrer do desenvolvimento da pesquisa, julguei oportuna a breve contextualização histórica do Instituto Nelson Mandela, o que colaborou para a percepção de que todo esse processo emerge da resistência dos movimentos sociais, aqui especificamente o Movimento Negro e seus atores, considerados produtores de saberes na luta antirracista. As formas alternativas encontradas por esses atores revolucionam, permitem possibilidades *outras* para todo o coletivo penitenciário e indicam a prática educacional que emerge das urgências pautadas pelo Movimento Negro.

No campo educacional, o Instituto encontra espaço no sistema penitenciário para desenvolver ações através da Secretaria de Educação e Cultura do Estado do Rio de Janeiro, à época liderada por uma mulher, professora, negra, liderança do Movimento Negro no estado, Vanda Ferreira, detentora da visão emancipatória que impulsionou o Projeto Político Pedagógico, criando a possibilidade de espaço para que o Instituto existisse. Desse modo, o movimento poderia atuar junto às ações pensadas e construídas por um detento que vivia as mazelas do cárcere na década de 1990, José Carlos Brasileiro.

Essa construção somente foi possível a partir do enfrentamento dos partícipes do Instituto ao sistema opressor instituído, ao silenciamento do Estado frente às denúncias que revelam a tragédia social intencional no cárcere brasileiro, evidenciadas pela pesquisa. O ICCNNM nasce no ambiente educacional com a perspectiva de criação de uma prática revolucionária, e não de reprodução de uma pedagogia conservadora, indicando, com isso, a importância do potencial transformador dos agentes educacionais, quando engajados na luta emancipatória e antirracista.

É nesse escopo que a questão racial ganha centralidade na construção do projeto de criação do Instituto. Do diálogo entre sujeitos negros dentro do espaço institucionalizado das cadeias emerge o movimento que enseja visibilizar a luta dos detentos, que, em sua maioria, são negros. Eles experimentam a retomada de consciência da existência do racismo institucional à medida que as ações pedagógicas e culturais afro-brasileiras avançam, ou seja, é o "Movimento Negro educador" retroalimentando a resistência pelo bem-viver dos sujeitos encarcerados.

Os depoimentos apresentados nas entrevistas realizadas durante o processo de pesquisa indicaram pistas de como se aprende nesse processo interativo e dialógico de leitura e resposta das cartas. Revelam também a intensidade de cada prática individualizada comprometida com as agendas alternativas *contra-hegemônicas*. São possibilidades de visibilizar o outro frente às instâncias de poder. Com a prática e a dinâmica desenvolvida no espaço do ICCNNM, foi possível perceber como é potente ressignificar as ações a partir das tensões oferecidas pelos relatos das cartas. Por isso, é uma proposta educacional de ensino-aprendizagem que se efetua nessa conformação.

Com efeito, a pesquisa revela e ensina, não somente fundamentada na análise das categorias das cartas mas também dos depoimentos das/os participantes. Trata-se de um quadro que reflete um contexto estrutural de discriminação, subalternização e precarização da mulher encarcerada. E, de forma alternativa, as ações desenvolvidas pelo Instituto trabalham para tentar diminuir o sofrimento dessas mulheres, a partir do encaminhamento possível de ser realizado pelas/os colaboradoras/es voluntárias/os do Instituto aos órgãos competentes.

Quanto à proposta metodológica de dialogar com as/os colaboradoras/es do ICCNNM, indicou-se a mudança de paradigma de um grupo de sujeitas/os, composto majoritariamente de profissionais jovens engajadas/os em atuar com os direitos humanos. Com base na dinâmica do ir e vir das cartas, as/os colaboradoras/es redimensionam os seus processos de aprendizagem em suas atuações profissionais, a partir dos saberes contidos nas cartas das mulheres privadas de liberdade. São relatos de experiências pessoais transformadoras que potencializam a prática das/os sujeitas/os frente ao quadro desafiador de empoderar essas mulheres esquecidas pela máquina pública brasileira.

Houve aqui uma preocupação em apresentar esses saberes, que eclodem em espaços de opressão, para o espaço acadêmico e problematizá-los, mostrando a complexidade dos aportes apresentados, dialogando com epistemologias latino-americanas e se desafiando na busca por caminhos alternativos não eurocentrados, para que se possa enfrentar o campo da pesquisa na educação.

Considero ainda que a pesquisa aponta caminhos para outras práticas alternativas pedagógicas que se desenvolvem levando em conta o outro. Essas sujeitas são consideradas subalternas à civilização no contexto latino-americano. Está-se, então, frente a uma pesquisa que não apresenta um fim em si mesma, mas que aponta para a ressignificação de vozes emergentes, ensejando uma proposta de abertura ao diálogo acadêmico, de modo que tragam percepções de conhecimentos, agenciamentos e culturas até então silenciados pelos saberes eurocêntricos.

Ao estudar esse processo, percebi a urgência da inversão da lógica do pensamento hegemônico que insiste em manter a população carcerária, negra e pobre silenciada atrás dos muros das penitenciárias. Tentei caminhar na direção de potencializar vozes encarceradas a partir de suas experiências, ensinamentos e aprendizagens alternativos, para que eu pudesse me aproximar do projeto descolonizador e antirracista.

CARTA AO "PREZADO BRASILEIRINHO"

"Enquanto houver grades, haverá cartas. Enquanto houver cartas, haverá esperança."
José Carlos Brasileiro, fundador do ICCNNM

Peço licença para me dirigir a você da mesma forma como era chamado nas incontáveis cartas que recebeu das pessoas privadas de liberdade, por meio do Instituto de Cultura e Consciência Negra Nelson Mandela. Nunca imaginei que um dia estaria diante de uma folha em branco para lhe escrever — ainda mais em poucas linhas. Não é fácil.

Esta iniciativa é um reconhecimento da sua trajetória, que tanto admiramos. Seu legado, vasto e complexo, não se limita ao seu tempo histórico: ele se propaga através das vozes das ativistas antiprisionais que você encorajou e inspirou, consolidando a missão do Instituto e tocando toda uma comunidade com sua capacidade única de desenvolver estratégias eficazes para amplificar a existência das pessoas privadas de liberdade.

Nos últimos anos, sua ausência tem sido profundamente sentida não apenas por mim, mas por toda uma comunidade violentada pela criminalização de seus corpos. Resgatamos suas utopias por meio de memórias contundentes e das lutas travadas para expandir — de forma inegociável — a proteção dos Direitos Humanos no sistema prisional. Sua trajetória incansável segue como exemplo de militância antiprisional no Rio de Janeiro, um estado que nos impõe desafios complexos quando o assunto é violação de direitos. Você sempre soube disso e nos alertou sobre os riscos, ensinando-nos a abraçar a luta antirracista e abolicionista em defesa das pessoas encarceradas e de suas famílias — estas últimas, cumprindo pena invisível nas intermináveis filas de mães às portas dos presídios.

Você nos mostrou que aqueles chamados de "egressos" — ou, como você dizia, "cidadãos brasileiros com nome e sobrenome" — são, na verdade, sobreviventes do cárcere. Hoje a militância, e até alguns representantes do campo jurídico, os reconhecem dessa forma; porém, seguem desprovidos dos seus direitos mínimos de acesso a educação, trabalho, renda e comida no prato.

Nossa população carcerária cresceu, como era de se esperar em tempos de avanço ultraconservador e neofascista. Assistimos ao aumento dos feminicídios e das violências contra meninas e mulheres, em meio a uma política antigênero que ganha força no país. A pandemia de covid-19 aprofundou brutalmente as desigualdades, vitimando milhares no Brasil — em parte por causa da difusão das Fake News que deslegitimavam a ciência à época. Nos presídios, o impacto foi devastador: a suspensão das visitas cortou o último elo de humanidade, obrigando familiares a se reinventarem na luta por direitos, através de campanhas, pressão estatal e organização comunitária.

Mesmo com o atual respiro democrático no Brasil, o debate sobre Segurança Pública permanece escanteado. A opção pelo punitivismo, em vez de políticas sociais eficazes, é uma realidade cruel. Nosso corpo negro, pobre e favelado ainda é o mais encarcerado: o Brasil é o terceiro país que mais prende no mundo, com 670.265 pessoas em cumprimento de pena — das quais 182.855 sequer foram julgadas, conforme o relatório de Informações Penais, divulgado no segundo semestre de 2024. Quando a interseccionalidade entra em cena, vemos 29.137 mulheres vigiadas pelo Estado, em sua maioria mães, negras, jovens e pobres, vindas das periferias.

As cadeias ainda são os porões dos navios negreiros: a comida podre nega dignidade, a água potável é acesso raro, e os insumos básicos dependem do sacrifício das famílias. Em 2025, oito anos após nossa última conversa, mulheres presas ainda sofrem com a pobreza menstrual implacável nos presídios do Rio. O plano para a tortura dos corpos "matáveis" é perfeito, Brasileiro.

Mas há luz, há gira, existem movimentos acontecendo. O esforço coletivo dos movimentos sociais, dos diversos grupos antiprisionais, das mães que denunciam os maus-tratos dos filhos e filhas encarcerados nesses últimos anos, impactou nas decisões judiciais nesse campo de disputas. Recentemente, o Supremo Tribunal Federal reconheceu O Estado de Coisas Inconstitucionais do Sistema Prisional Brasileiro, tornando os estados responsáveis por cumprir metas estabelecidas pelo Conselho Nacional de Justiça, com vistas a desenvolverem boas práticas que mirem o Sistema Penitenciário em sua totalidade. É um avanço em construção, com muitos desafios. Lembra do seu Projeto "Balcão de Direitos"? Pois é, quem diria que estaria em execução a partir de um Convênio Público com a Secretaria de Administração Penitenciária do estado do Rio de Janeiro. Somos a Organização da Sociedade Civil que coordena a equipe técnica multidisciplinar que atua na Central de Penas e Medidas Alternativas Penais, a única do estado! Em outro momento vou lhe contar todo esse processo. As lutas que travou coletivamente estão sendo sedimentadas, trouxeram alguns avanços ao longo do tempo para o campo prisional, e seguimos desobedecendo a ordem natural dos caminhos institucionais.

Seu legado está vivo. Inúmeras vezes, invoquei sua ancestralidade para seguir em frente. Você lutou com alegria, carisma e entusiasmo, mesmo carregando dores profundas. A forma que escolheu guerrear, sempre com alegria, entusiasmo e carisma, mesmo carregando tantas dores, nos ensinou que a luta é contínua. Sua defesa intransigente aos saberes construídos pelo Movimento Negro foram vigorosamente reafirmados, a qualquer custo, nos espaços de poder em que teve direito à fala; sua presença foi pedagógica, elucidativa, a partir de uma construção única de quem sobreviveu ao cárcere e de quem foi impactado pelas ausências dos direitos que o Estado lhe devia como cidadão. Esperançando a mudança, almejando a abolição de um sistema de justiça arcaico, no qual disputar o gênero é uma luta política, e por meio dos ensinamentos dos escritos/gritos em cartas das mulheres encarceradas, pensamos juntos esse movimento negro educador. Esse movimento que me envolveu, à época uma jovem negra, periférica, trabalhadora da área da saúde, recém-formada em Direito, que aprendeu a desenvolver a escuta sensível ao chamamento político de um Griot que se reverberou no percurso das águas no encontro com nossa mentora professora Vanda Ferreira e com tantas mais mulheres que desenham meu caminhar enquanto escritora, pesquisadora, ativista, abolicionista antiprisional, reconhecendo os passos que foram sedimentados, àqueles que vieram de longe, para que pudéssemos vislumbrar uma trajetória.

Brasileiro, espero que, ao escrever esta cartinha, você se encontre bem ao lado de sua mãe e de sua filha, que partiu tão jovem. Chega a doer no fundo do coração a ausência de todos vocês neste plano terreno. Poucas palavras foram registradas aqui, mas o que carrego de você é tão gigante, que jamais conseguirei exprimir em palavras. Estarei aqui como um corpo em movimento que se disponibiliza a lutar para que famílias como a sua não se acabem pela negligência do Estado. Lutaremos pelo bem viver pleno de nosso povo.

Estamos em marcha!

Até a abolição...

Elaine Barbosa

POSFÁCIO

Extinção ou subalternidade. Assim Sueli Carneiro (2017), uma intelectual reconhecida por seu pensamento altivo e potente, afirmou ser o "destino social" proposto por supremacistas brancos às suas vítimas afrodescendentes e indígenas no Brasil.

Extinção ou subalternidade? Para operacionalizar esse projeto, concorrem diferentes formas de violência, muitas delas lideradas ou facilitadas (por ação ou omissão) pelo Estado. Tais violências incluem a sonegação sistemática de direitos como saúde, educação, habitação, ambiente saudável, segurança pública, trabalho. E se expressam também de modo enfático através de altíssimas taxas de letalidade de pessoas negras, principalmente os homens jovens, nas mãos de agentes públicos e de agentes não estatais; de desaparecimentos forçados, cuja intensidade o Estado brasileiro não se dá ao trabalho de mensurar adequadamente. E do encarceramento em massa, que faz com que o Brasil "abrigue" a terceira maior população carcerária do mundo, com mais de 800 mil pessoas privadas de liberdade, majoritariamente homens e mulheres negros, em situação que foi definida pelo Supremo Tribunal Federal como "estado de coisas inconstitucional" (STF, 2023). Tudo isso apesar das determinações constitucionais e legais de proteção e preservação das vidas de todes, inclusive as nossas. Está exatamente em ações ou omissões desse tipo a força das estratégias e alianças supremacistas para o aniquilamento e/ou subordinação da população negra brasileira. Nota-se que, mesmo após as determinações legais, políticas e éticas, e ainda do pronunciamento contundente do STF, cujo dever é preservar e fazer cumprir preceitos constitucionais, pouca coisa (ou nada) muda.

O país inteiro, Estado e sociedade, já está ciente das condições inadequadas, para dizer o mínimo, e das gravíssimas violações de direitos humanos que ocorrem nas prisões do país. Basta ter olhos de ver para constatar nelas a reedição dos navios negreiros, das senzalas, dos pelourinhos: desumanização, tortura, horror, para a satisfação de quem? A quem endereçar essa inércia ou incapacidade do Estado (e da sociedade) de tomar medidas consistentes e urgentes para restabelecer o estado de direito e as condições de legalidade e respeito aos direitos dos enormes contingentes encarcerados?

Nesses contextos, cabe repetir a pergunta lançada em 2003 por Angela Y. Davis: **para que servem as prisões?** Certamente, como ela apontou, para se implementarem os ditames racistas de domínio e destruição do outro, visto como racialmente inferior e cujas reivindicações de igualdade ameaçam privilégios. Ou seja, uma das formas de aniquilamento que o racismo impulsiona tem as prisões massivas de pessoas não brancas como ferramenta potente, ainda que não seja a única.

Para a jurista Michelle Alexander (2017), reverberando visões de organizações negras estadunidenses, as prisões são formas atualizadas de se produzir a captura de amplos contingentes negros numa cidadania de segunda classe. Nos seus termos: uma nova segregação:

> Por meio de uma teia de leis, regulamentações e regras informais, que são poderosamente reforçadas por estigmas sociais, elas são confinadas à margem da sociedade, e seu acesso ao mercado é barrado. A possibilidade de obter emprego, moradia e benefícios públicos lhes é negada juridicamente — do mesmo modo que muitos afro-americanos eram segregados a uma cidadania de segunda classe à época do Jim Crow (Alexander, 2017, p. 39).

Nessa perspectiva, a condição para as lutas por um mundo sem prisões deve necessariamente conectar, à insurgência abolicionista, as lutas contra o racismo cisheteropatriarcal capacitista e capitalista, imaginando, propondo e criando novas instituições e modos de vida verdadeiramente equitativos.

Ainda não estamos lá.

De fato, os últimos tempos têm feito (re)emergir forças que buscam de forma insistente reeditar padrões de subordinação que acreditávamos amplamente rechaçados e destinados à derrota final. Países em todo o mundo têm visto recrudescer discursos e práticas racistas cujos porta-vozes mais destacados almejam (e alcançam) o controle do Estado, refazendo alianças destrutivas, aprovando legislações repressivas e políticas segregacionistas, retrocedendo direitos arduamente conquistados. Aumenta o número de prisões e estas se abarrotam. O feminicídio cresce, destruindo mulheres cis e, principalmente, trans.

Genocídios e guerras estão em curso. A crise climática destrói vidas, principalmente das vítimas de racismo e outras iniquidades, destruindo também possibilidades de futuro. No caso de jovens negros e negras das favelas e periferias entre nós, a esperança mais uma vez é derrotada, atingindo de modo acachapante as possibilidades de superação da violenta repressão e fúria destrutiva com que são empurrados para as margens da sociedade.

Os movimentos sociais e estatais que propõem nossa extinção e/ou subordinação se fortalecem. Nossa resposta hoje, como antes, é luta e emancipação.

Porque, mais uma vez diante de ameaças de extinção do que somos e do que devemos ser, é preciso que confrontemos as forças de subordinação e aniquilamento que se mostram potentes contra nós. Por todos os meios necessários.

A obra apresentada aqui por Elaine Barbosa é um desses caminhos. Nela, encontramos mulheres cujas vidas foram levadas ao limite da subordinação, em cotidianos de tortura e violação de direitos. Elas, mesmo à beira do aniquilamento, mantêm-se dispostas à insurgência contra as regras do jogo supremacista. Encarceradas, se insurgem contra estratégias de silenciamento, de apagamento e desrespeito a seus direitos. Imbuídas de sua humanidade atacada, enunciam-se como pessoas capazes de confrontar limites: escrevem cartas. E, antes e através das cartas, se projetam sobre e além dos muros do sistema prisional. Reafirmam a voz — a própria, a da companheira, a coletiva — e seus poderes. Com as cartas e as palavras que transportam, se (re)posicionam e se projetam de volta às comunidades de afetos e de resistência, de onde foram violentamente arrancadas. Representam. Lutam. Os pseudônimos que as protegem ressaltam a grandiosidade de seu gesto: os nomes refazem a conexão entre elas e outras mulheres negras de luta que vieram antes e cujos frutos ainda estão entre nós.

Ao romper com as grades do confinamento, a escrita das cartas torna visível as muitas barreiras e toda injustiça do sistema que arrasta milhares de mulheres negras, seus filhos, suas mães, seus homens, suas companheiras, famílias, comunidades e populações inteiras à beira da inexistência. Expõe de forma crua os modos como legisladores, governantes, administradores, policiais e outros agentes do Estado, homens brancos em grande medida, tornam o racismo motor das relações entre o Estado brasileiro e seus habitantes negras e negros, advogando em favor da manutenção de seus privilégios e poderes. Nessa operação, relativizam leis e direitos, utilizando todas as estruturas, instituições e demais ferramentas a seu alcance contra nós.

Nós. É nesse nós que as cartas escritas e enviadas se apoia: em suas leitoras e em seus leitores potenciais e reais, em contingentes negros inteiros de voluntárias, de ativistas e de profissionais, posicionadas/os/es em diferentes pontos da corrente de comunicação. O chamado é por engajamento em ações de liberdade. Desde o lado de dentro dos muros do confinamento, passando pela ONG, chegando à universidade e, mais, até você, uma aliança libertária precisa se estabelecer. Algumas estratégias darão certo. Outras, muitas, ainda requerem maior mobilização para reversão e reparação das feridas produzidas. Um dia serão bem-sucedidas. Temos ainda imensos desafios. Mas (acredito) faltam menos!

Jurema Werneck

REFERÊNCIAS

ALBERTI, Verena. *Ouvir contar*: textos em história oral. Rio de Janeiro: Editora FGV, 2004a.

ALBERTI, Verena. *Manual de história oral.* 2. ed. rev. e atual. Rio de Janeiro: Editora FGV, 2004b.

ALBERTI, Verena; PEREIRA, Amilcar Araujo. O movimento negro no Brasil. *Geledés*, São Paulo, 29 set. 2010. Disponível em: www.geledes.org.br/o-movimento-negro-no-brasil. Acesso em: 10 nov. 2017.

ALEXANDER, Michelle. *A nova segregação*: racismo e encarceramento em massa. São Paulo: Boitempo, 2017.

ALMEIDA, Sandra Regina Goulart. Prefácio: Apresentando Spivak. *In*: SPIVAK, Gayatri Chakravorty. *Pode o subalterno falar?* Belo Horizonte: Editora UFMG, 2010. p. 7-18.

ANDRADE, Vera Regina Pereira de. *Pelas mãos da criminologia*: o controle penal para além da (des)ilusão. Rio de Janeiro: Revan: Instituto Carioca de Criminologia, 2012.

BARATTA, Alessandro. *Criminologia crítica e crítica do direito penal*: introdução à sociologia do direito penal. Rio de Janeiro: Revan, 2003.

BATISTA, Nilo. *Introdução crítica ao direito penal brasileiro.* 12. ed. rev. e atual. Rio de Janeiro: Revan, 2015.

BOITEUX, Luciana *et al. Mulheres e crianças encarceradas*: um estudo jurídico-social sobre a experiência da maternidade no sistema prisional do Rio de Janeiro. Rio de Janeiro: FND: Uerj, 2015. Disponível em: www.en.wwc2017.eventos.dype.com.br/resources/anais/1499478926_ARQUIVO_Maternidadefazendogenero.pdf. Acesso em: 23 jan. 2025.

BOITEUX, Luciana. Encarceramento feminino e seletividade penal. *Rede Justiça Criminal*, ed. 9, p. 5-6, set. 2016. Disponível em: https://redejusticacriminal.org/website/wp-content/uploads/2021/10/Boletim9-DISCRIMINACAO-GENERO-SISTEMA-PENAL.pdf. Acesso em: 10 nov. 2017.

BOITEUX, Luciana. Brasil: las cárceles de la droga y de la miseria. *Nueva Sociedad*, Buenos Aires, n. 268, p. 14-22, mar./abr. 2017. Disponível em: https://storage.googleapis.com/nuso-webapp-production-files/media/articles/downloads/COY2_Boiteaux_268.pdf. Acesso em: 10 nov. 2017.

BRASIL. Ministério da Justiça. Departamento Penitenciário Nacional. *Levantamento nacional de informações penitenciárias*. Brasília, DF: Depen, 2014a.

BRASIL. Ministério da Justiça. Departamento Penitenciário Nacional. *Levantamento nacional de informações penitenciárias*: Infopen Mulheres. Brasília, DF: Depen, 2014b.

BRASIL. *Lei n. 7.210, de 11 de julho de 1984*. Institui a Lei de Execução Penal. Brasília, DF: Presidência da República, [2015]. Disponível em: www.planalto.gov.br/ccivil_03/leis/l7210.htm. Acesso em: 10 jan. 2017.

BRASIL. *Constituição da República Federativa do Brasil de 1988*. Nós, representantes do povo brasileiro, [...]. Brasília, DF: Presidência da República, [2016a]. Disponível em: www.planalto.gov.br/ccivil_03/constituicao/constituicao.htm. Acesso em: 23 jan. 2025.

BRASIL. *Lei n. 9.394, de 20 de dezembro de 1996*. Estabelece as diretrizes e bases da educação nacional. Brasília, DF: Presidência da República, [2016b]. Disponível em: www.planalto.gov.br/ccivil_03/leis/l9394.htm. Acesso em: 10 jan. 2017.

BRASIL. *Decreto-lei n. 2848, de 7 de dezembro de 1940*. Código Penal. Brasília, DF: Presidência da República, [2017]. Disponível em: www.planalto.gov.br/ccivil_03/decreto-lei/del2848.htm#:~:text=Entende%2Dse%20em%20leg%C3%ADtima%20defesa,direito%20seu%20ou%20de%20outrem.&text=Excesso%20culposo-,Par%C3%A1grafo%20%C3%BAnico.,%C3%A9%20pun%C3%ADvel%20como%20crime%20culposo. Acesso em: 10 jan. 2017.

BRASIL. *Lei n. 13.257, de 8 de março de 2016*. Dispõe sobre as políticas públicas para a primeira infância e altera a Lei n. 8.069, de 13 de julho de 1990 (Estatuto da Criança e do Adolescente), o Decreto-Lei n. 3.689, de 3 de outubro de 1941 (Código de Processo Penal), a Consolidação das Leis do Trabalho (CLT), aprovada pelo Decreto-Lei n. 5.452, de 1° de maio de 1943, a Lei n. 11.770, de 9 de setembro de 2008, e a Lei n. 12.662, de 5 de junho de 2012. Brasília, DF: Presidência da República, 2016. Disponível em: www.planalto.gov.br/ccivil_03/_ato2015-2018/2016/lei/l13257.htm. Acesso em: 10 jan. 2017.

BRASIL. Ministério da Justiça. *Departamento Penitenciário Nacional*. Brasília, DF: Depen, [2019].

BRASIL. Ministério da Justiça. *Departamento Penitenciário Nacional*. Brasília, DF: Depen, [20--].

CARNEIRO, Sueli. *Racismo, sexismo e desigualdade no Brasil*. São Paulo: Selo Negro, 2011.

CARNEIRO, Sueli. Sobrevivente, testemunha e porta-voz. [Entrevista cedida a] Bianca Santana. *Revista Cult*, 9 maio 2017. Disponível em: https://revistacult.uol.com.br/home/sueli-carneiro-sobrevivente-testemunha-e-porta-voz/. Acesso em: 16 dez. 2024.

CARVALHO, Benedita Maria Vieira de. *O cidadão José Carlos Brasileiro*: rebeldia e audácia, amor e aventura, vício e redenção. Rio de Janeiro: Letra Capital, 2012.

CARVALHO, Salo de. *Antimanual de criminologia*. 2. ed. Rio de Janeiro: Lumen Juris, 2008.

CERTEAU, Michel de. *A invenção do cotidiano*: artes de fazer. 19. ed. Petrópolis: Vozes, 2012. v. 1.

DAVIS, Angela Y. *Are prisons obsolete?* New York: Seven Stories Press, 2003.

DEL OMO, Rosa. *A América Latina e sua criminologia*. Rio de Janeiro: Revan: Instituto Carioca de Criminologia, 2004.

DOMINGUES, Petrônio. Movimento negro brasileiro: alguns apontamentos históricos. *Tempo*, Niterói, v. 12, n. 23, p. 100-122, 2007. Disponível em: www.scielo.br/j/tem/a/yCLBRQ5s6VTN6ngRXQy4Hqn/abstract/?lang=pt. Acesso em: 23 jan. 2025.

FANON, Frantz. *Os condenados da terra*. 2. ed. Rio de janeiro: Civilização Brasileira, 1979.

FIGUEIRA, Sandra de Almeida (org.). *Fragmentos de vidas*: manuscritos de mulheres encarceradas. Rio de Janeiro: Cedoicom, 2009.

FOUCAULT, Michel. *Vigiar e punir*: nascimento da prisão. 41. ed. Petrópolis: Vozes, 2013.

FREIRE, Paulo. *Pedagogia da autonomia*: saberes necessários à prática educativa. São Paulo: Paz e Terra, 2011.

FREIRE, Paulo. *Pedagogia do oprimido*. 54. ed. Rio de Janeiro: Paz e Terra, 2013.

GOFFMAN, Erving. *Manicômios, prisões e conventos*. São Paulo: Perspectiva, 1961.

GOHN, Maria da Glória. Movimentos sociais na contemporaneidade. *Revista Brasileira de Educação*, Rio de Janeiro, v. 16, n. 47, p. 333-361, maio/ago. 2011. Disponível em: www.scielo.br/pdf/rbedu/v16n47/v16n47a05.pdf. Acesso em: 10 nov. 2017.

GOMES, Angela de Castro. Escrita de si, escrita da história: a título de prólogo. *In*: GOMES, Angela de Castro (org.). *Escrita de si, escrita da história*. Rio de Janeiro: Editora FGV, 2004. p. 7-24.

GOMES, Nilma Lino. *O movimento negro educador*: saberes construídos nas lutas por emancipação. Petrópolis: Vozes, 2017.

HAITI. Intérpretes: Caetano Veloso e Gilberto Gil. Compositores: Caetano Veloso e Gilberto Gil. *In*: TROPICÁLIA 2. Intérpretes: Caetano Veloso e Gilberto Gil. [*S. l.*]: Philips, 1993. 1 CD, faixa 1 (4 min).

HERRERA FLORES, Joaquín. *La reinvención de los derechos humanos*. [Sevilha]: Atrapasueños, 2008. E-book. Disponível em: www.derechoshumanos.unlp.edu.ar/assets/files/documentos/la-reinvencion-de-los-derechos-humanos.pdf. Acesso em: 23 jan. 2025.

INSTITUTO DE CULTURA E CONSCIÊNCIA NEGRA NELSON MANDELA. *Livro de registros do ICCNNM*. Rio de Janeiro: ICCNNM, 1989.

JULIÃO, Elionaldo Fernandes. O impacto da educação e do trabalho como programas de reinserção social na política de execução penal do Rio de Janeiro. *Revista Brasileira de Educação*, Rio de Janeiro, v. 15, n. 45, set./dez. 2010. Disponível em: www.scielo.br/j/rbedu/a/Vn78Jnpd4pwJdzkXVXmsyWB/?format=pdf&lang=pt. Acesso em: 10 jan. 2017.

JULIÃO, Elionaldo Fernandes. *Educação para jovens e adultos em situação de restrição e privação de liberdade*: questões, avanços e perspectivas. Jundiaí: Paco Editorial, 2013.

LEMGRUBER, Julita. *Cemitério dos vivos*: análise sociológica de uma prisão de mulheres. Rio de Janeiro: Achiamé, 1983.

LIMA, Elça Mendonça. *Origens da prisão feminina no Rio de Janeiro*: o período das freiras (1942-1955). Rio de Janeiro: OAB/RJ, 1983.

LÜDKE, Menga; ANDRÉ, Marli E. D. A. *Pesquisa em educação*: abordagens qualitativas. São Paulo: E. P. U., 2012.

MELO, Vanusa Maria de. *Aproveitando brechas*: experiências com cinema em escolas prisionais do Rio de Janeiro. 2014. Dissertação (Mestrado em Educação) — Centro de Teologia e Ciências Humanas, Pontifícia Universidade Católica do Rio de Janeiro, Rio de Janeiro, 2014. Disponível em: www.maxwell.vrac.puc-rio.br/24107/24107.PDF. Acesso em: 10 nov. 2017.

MIGNOLO, Walter D. *Histórias locais, projetos globais*: colonialidade, saberes subalternos e pensamento liminar. Belo Horizonte: Editora UFMG, 2003.

MIRANDA, Cláudia. *Narrativas subalternas e políticas de branquidade*: o deslocamento de afrodescendentes como processo subversivo e as estratégias de negociação na academia. 2006. Tese (Doutorado em Educação) — Faculdade de Educação, Universidade do Estado do Rio de Janeiro, Rio de Janeiro, 2006.

MIRANDA, Cláudia. Afro-colombianidade e outras narrativas a Educação Própria como agenda emergente. *Revista Brasileira de Educação*, Rio de Janeiro, v. 19, n. 59, p. 1.053-1.076, out./dez. 2014. Disponível em: www.scielo.br/pdf/rbedu/v19n59/12.pdf. Acesso em: 10 nov. 2017.

MIRANDA, Cláudia; RIASCOS, Fanny Milena Quiñones. Pedagogias decoloniais e interculturalidade: desafios para uma agenda educacional antirracista. *Educação em Foco*, Juiz de Fora, v. 21, n. 3, p. 545-572, set./dez. 2016. Disponível em: https://files.cercomp.ufg.br/weby/up/426/o/Revista_Educacao_em_Foco_volume_21_n%C3%BAmero_3_set_dez_2016_Trajeto_das_Africanidades_em_Educa%C3%A7%C3%A3o_%281%29.pdf?1490017161. Acesso em: 10 nov. 2017.

PARANÁ. *Para DPE-PR, decisão do STF sobre sistema penitenciário brasileiro pode ser marco civilizatório*. Curitiba: Defensoria Pública do Estado do Paraná, 4 out. 2023. Disponível em: www.defensoriapublica.pr.def.br/Noticia/Para-DPE-PR-decisao-do-STF-sobre-sistema-penitenciario-brasileiro-pode-ser-marco. Acesso em: 23 jan. 2025.

QUIJANO, Aníbal. Colonialidade do poder, eurocentrismo e América Latina. *In*: LANDER, Edgardo (org.). *A colonialidade do saber*: eurocentrismo e ciências sociais: perspectivas latino-americanas. Ciudad Autónoma de Buenos Aires: CLacso, 2005a. p. 107-130. Disponível em: https://biblioteca.

clacso.edu.ar/clacso/sur-sur/20100624103322/12_Quijano.pdf. Acesso em: 23 jan. 2025.

QUIJANO, Aníbal. Dom Quixote e os moinhos de vento na América latina. *Estudos avançados*, São Paulo, v. 19, n. 55, p. 9-31, set./dez. 2005b. Disponível em: www.scielo.br/pdf/ea/v19n55/01.pdf. Acesso em: 10 nov. 2017.

QUIJANO, Aníbal. Colonialidade do poder e classificação social. *In*: SANTOS, Boaventura de Sousa; MENESES, Maria Paula (org.). *Epistemologias do Sul*. 2. ed. Coimbra: Almedina, 2010.

RIBEIRO, Carlos Antonio Costa. *Cor e criminalidade*: estudo e análise da justiça no Rio de Janeiro: (1900-1930). Rio de Janeiro: Editora UFRJ, 1995.

RIO DE JANEIRO (Estado). *Relatório de visita à unidade prisional*. Rio de Janeiro: Defensoria Pública do Estado do Rio de Janeiro, 29 dez. 2016.

RIO DE JANEIRO (Estado). *Plano estadual de educação em prisões*. Rio de Janeiro: Seeduc, 2012.

SACAVINO, Susana. Direitos humanos e políticas públicas no Brasil. *DH Net*, 2008. Disponível em: www.dhnet.org.br/direitos/militantes/susanasacavino/sacavino_dh_politicas_publicas_br.pdf. Acesso em: 11 jun. 2025.

SANTOS, Boaventura de Sousa. *Pela mão de Alice*: o social e o político na pós-modernidade. 14. ed. São Paulo: Cortez, 2013.

SANTOS, Joel Rufino dos. *O que é racismo?* São Paulo: Brasiliense, 1994.

SECRETARIA NACIONAL DE POLÍTICAS PENAIS (Brasil). *Relatório de informações penais*: 2024. Brasília, DF: Senappen, 2024.

SEGATO, Rita. *La crítica de la colonialidad en ocho ensayos y una antropologia por demanda*. Ciudad Autónoma de Buenos Aires: Prometeo Libros, 2013.

SILVA, Maria Palmira da. Identidade e consciência racial brasileira. *In*: SEYFERTH, Giralda *et al*. *Racismo no Brasil*. São Paulo: Editora Fundação Peirópolis: Abong, 2002. p. 53-64.

SOARES, Bárbara Musumeci; ILGENFRITZ, Iara. *Prisioneiras:* vida e violência atrás das grades. Rio de Janeiro: Garamond, 2002.

SPIVAK, Gayatri Chakravorty. *Pode o subalterno falar?* Belo Horizonte: Editora UFMG, 2010.

STF. *Arguição de descumprimento de preceito fundamental n. 347*. Brasília, DF: Diário de Justiça Eletrônico, 9 set. 2015.

STF. *ADPF 347*: violação massiva de direitos fundamentais no sistema carcerário brasileiro. Brasília, DF: Supremo Tribunal Federal, 2023. Disponível em: www.stf.jus.br/arquivo/cms/noticiaNoticiaStf/anexo/1ADPF347InformaosociedadeV2_6out23_17h55.pdf. Acesso em: 16 dez. 2024.

TELLES, Edward. *Racismo à brasileira*: uma nova perspectiva sociológica. Rio de Janeiro: Relumé-Dumará, 2003.

THOMPSON, Paul. *A voz do passado*: história oral. 2. ed. Rio de Janeiro: Paz e Terra, 1998.

WACQUANT, Loïc. *Punir os pobres*: a nova gestão da miséria nos Estados Unidos. Rio de Janeiro: Freitas Bastos, 2001.

WALSH, Catherine. Interculturalidad, conocimientos y decolonialidad. *Signo y pensamiento*, Bogotá, v. 24, n. 46, p. 39-50, jan./jun. 2005. Disponível em: www.redalyc.org/pdf/860/86012245004.pdf. Acesso em: 10 nov. 2017.

WALSH, Catherine. Interculturalidad, plurinacionalidad y decolonialidad: las insurgências político-epistêmicas de refundar el Estado. *Tabula Rasa*, Bogotá, n. 9, p. 131-152, jul./dez. 2008. Disponível em: http://revistatabularasa.org/numero-9/08walsh.pdf. Acesso em: 10 nov. 2017.

WALSH, Catherine. Interculturalidade crítica e pedagogia decolonial: in-surgir, re-existir e re-viver. *In*: CANDAU, Vera Maria (org.). *Educação intercultural na América Latina*: entre concepções, tensões e propostas. Rio de Janeiro: 7 letras, 2009. p. 12-42.

WALSH, Catherine. Lo pedagógico y lo decolonial: entretejiendo caminos. *In*: WALSH, Catherine (ed.). *Pedagogías decoloniales*: prácticas insurgentes de resistir, (re)existir y (re)vivir. Quito: Abya-Yala, 2013.

YOUNGERS, Coletta A.; PIERIS, Nischa (coord.). *Mulheres, políticas de drogas e encarceramento*: um guia para a reforma em políticas na América Latina e no Caribe. [*S. l.*]: Wola, 2016.

CARTAS

ADELINA. [*Correspondência*]. Destinatário: Instituto de Cultura e Consciência Nelson Mandela. Rio de Janeiro, ago. 2010. 1 carta.

AKOTIRENE. [*Correspondência*]. Destinatário: Instituto de Cultura e Consciência Nelson Mandela. Rio de Janeiro, jan. 2015. 1 carta.

AMY. [*Correspondência*]. Destinatário: Instituto de Cultura e Consciência Nelson Mandela. Rio de Janeiro, jan. 2014. 1 carta.

ANA. [*Correspondência*]. Destinatário: Instituto de Cultura e Consciência Nelson Mandela. Rio de Janeiro, maio 2010. 1 carta.

ANASTÁCIA. [*Correspondência*]. Destinatário: Instituto de Cultura e Consciência Nelson Mandela. Rio de Janeiro, jun. 2014. 1 carta.

ÂNGELA. [*Correspondência*]. Destinatário: Instituto de Cultura e Consciência Nelson Mandela. Rio de Janeiro, dez. 2013. 1 carta.

ÂNGELA. [*Correspondência*]. Destinatário: Instituto de Cultura e Consciência Nelson Mandela. Rio de Janeiro, fev. 2014. 1 carta.

ANNA. [*Correspondência*]. Destinatário: Instituto de Cultura e Consciência Nelson Mandela. Rio de Janeiro, dez. 2016. 1 carta.

ANÔNIMA. [*Correspondência*]. Destinatário: Instituto de Cultura e Consciência Nelson Mandela. Rio de Janeiro, abr. 2014. 1 carta.

ANÔNIMA. [*Correspondência*]. Destinatário: Instituto de Cultura e Consciência Nelson Mandela. Rio de Janeiro, jan. 2016. 1 carta.

AQUALTUNE. [*Correspondência*]. Destinatário: Instituto de Cultura e Consciência Nelson Mandela. Rio de Janeiro, abr. 2010. 1 carta.

BELL. [*Correspondência*]. Destinatário: Instituto de Cultura e Consciência Nelson Mandela. Rio de Janeiro, dez. 2009. 1 carta.

CAROLINA. [*Correspondência*]. Destinatário: Instituto de Cultura e Consciência Nelson Mandela. Rio de Janeiro, out. 2014. 1 carta.

CAROLINA. [*Correspondência*]. Destinatário: Instituto de Cultura e Consciência Nelson Mandela. Rio de Janeiro, 2016. 1 carta.

DAYSE. [*Correspondência*]. Destinatário: Instituto de Cultura e Consciência Nelson Mandela. Rio de Janeiro, jul. 2014. 1 carta.

ELLA. [*Correspondência*]. Destinatário: Instituto de Cultura e Consciência Nelson Mandela. Rio de Janeiro, maio 2014. 1 carta.

ELZA. [*Correspondência*]. Destinatário: Instituto de Cultura e Consciência Nelson Mandela. Rio de Janeiro, nov. 2016. 1 carta.

ESPERANÇA. [*Correspondência*]. Destinatário: Instituto de Cultura e Consciência Nelson Mandela. Rio de Janeiro, mar. 2016. 1 carta.

EVA. [*Correspondência*]. Destinatário: Instituto de Cultura e Consciência Nelson Mandela. Rio de Janeiro, jun. 2014. 1 carta.

FANNIE. [*Correspondência*]. Destinatário: Instituto de Cultura e Consciência Nelson Mandela. Rio de Janeiro, nov. 2014. 1 carta.

FELIPPA. [*Correspondência*]. Destinatário: Instituto de Cultura e Consciência Nelson Mandela. Rio de Janeiro, jun. 2014. 1 carta.

HELENA. [*Correspondência*]. Destinatário: Instituto de Cultura e Consciência Nelson Mandela. Rio de Janeiro, abr. 2010. 1 carta.

MAHIN. [*Correspondência*]. Destinatário: Instituto de Cultura e Consciência Nelson Mandela. Rio de Janeiro, jun. 2012. 1 carta.

MARIA. [*Correspondência*]. Destinatário: Instituto de Cultura e Consciência Nelson Mandela. Rio de Janeiro, nov. 2010. 1 carta.

MARIANA. [*Correspondência*]. Destinatário: Instituto de Cultura e Consciência Nelson Mandela. Rio de Janeiro, jun. 2010. 1 carta.

NANCI. [*Correspondência*]. Destinatário: Instituto de Cultura e Consciência Nelson Mandela. Rio de Janeiro, jul. 2010. 1 carta.

NZINGA. [*Correspondência*]. Destinatário: Instituto de Cultura e Consciência Nelson Mandela. Rio de Janeiro, jul. 2016. 1 carta.

SHIRLEY. [*Correspondência*]. Destinatário: Instituto de Cultura e Consciência Nelson Mandela. Rio de Janeiro, maio 2014. 1 carta.

SIMONA. [*Correspondência*]. Destinatário: Instituto de Cultura e Consciência Nelson Mandela. Rio de Janeiro, ago. 2014. 1 carta.

TEREZA. [*Correspondência*]. Destinatário: Instituto de Cultura e Consciência Nelson Mandela. Rio de Janeiro, abr. 2010. 1 carta.

VERA. [*Correspondência*]. Destinatário: Instituto de Cultura e Consciência Nelson Mandela. Rio de Janeiro, nov. 2015. 1 carta.

ZACIMBA. [*Correspondência*]. Destinatário: Instituto de Cultura e Consciência Nelson Mandela. Rio de Janeiro, maio 2014. 1 carta.

ZEFERINA. [*Correspondência*]. Destinatário: Instituto de Cultura e Consciência Nelson Mandela. Rio de Janeiro, nov. 2014. 1 carta.

ENTREVISTAS CEDIDAS À AUTORA

BÁRBARA. [Entrevista cedida a] Elaine Barbosa. *Caderno de entrevistas*, Rio de Janeiro, 2017. 1 arquivo de extensão mp3.

BRASILEIRO, José Carlos. [Entrevista cedida a] Elaine Barbosa. *Caderno de entrevistas*, Rio de Janeiro, 2016. 1 arquivo de extensão mp3.

CARLA. [Entrevista cedida a] Elaine Barbosa. *Caderno de entrevistas*, Rio de Janeiro, 2017. 1 arquivo de extensão mp3.

DANDARA. [Entrevista cedida a] Elaine Barbosa. *Caderno de entrevistas*, Rio de Janeiro, 2017. 1 arquivo de extensão mp3.

DENISE. [Entrevista cedida a] Elaine Barbosa. *Caderno de entrevistas*, Rio de Janeiro, 2017. 1 arquivo de extensão mp3.

FÁTIMA. [Entrevista cedida a] Elaine Barbosa. *Caderno de entrevistas*, Rio de Janeiro, 2017. 1 arquivo de extensão mp3.

FERREIRA, Vanda. [Entrevista cedida a] Elaine Barbosa. *Caderno de entrevistas*, Rio de Janeiro, 2016. 1 arquivo de extensão mp3.

LÊDA. [Entrevista cedida a] Elaine Barbosa. *Caderno de entrevistas*, Rio de Janeiro, 2017. 1 arquivo de extensão mp3.

LÉLIA. [Entrevista cedida a] Elaine Barbosa. *Caderno de entrevistas*, Rio de Janeiro, 2017. 1 arquivo de extensão mp3.

LUTHER. [Entrevista cedida a] Elaine Barbosa. *Caderno de entrevistas*, Rio de Janeiro, 2017. 1 arquivo de extensão mp3.

MALCOLM. [Entrevista cedida a] Elaine Barbosa. *Caderno de entrevistas*, Rio de Janeiro, 2017. 1 arquivo de extensão mp3.

MARINA. [Entrevista cedida a] Elaine Barbosa. *Caderno de entrevistas*, Rio de Janeiro, 2017. 1 arquivo de extensão mp3.

NANDA. [Entrevista cedida a] Elaine Barbosa. *Caderno de entrevistas*, Rio de Janeiro, 2017. 1 arquivo de extensão mp3.

APÊNDICES

APÊNDICE A – FLUXO DE CARTAS RECEBIDAS

Quadro 1 – Número provisório do quantitativo das cartas recebidas pelo Instituto Nelson Mandela entre 2010 e 2016

ANO	CARTAS ORIUNDAS DOS PRESÍDIOS FEMININOS	CARTAS ORIUNDAS DOS PRESÍDIOS MASCULINOS
2010	143	18
2011	5	4
2012	26	21
2013	219	191
2014	354	346
2015	394	260
2016	128	213
TOTAL	1.269	1.053

Fonte: Elaborado pela própria autora, 2017.

APÊNDICE B – QUANTITATIVO DE CARTAS

Quadro 2 – Número provisório do quantitativo de cartas oriundas dos presídios femininos recebidas mensalmente pelo Instituto Nelson Mandela entre 2010 e 2016

Mês	2010	2011	2012	2013	2014	2015	2016
Janeiro	10	0	0	28	23	46	25
Fevereiro	22	0	0	9	39	27	19
Março	25	0	0	33	16	50	6
Abril	48	0	0	14	8	33	14
Maio	16	0	0	24	30	39	14
Junho	10	0	3	7	27	45	9
Julho	5	0	2	16	43	28	9
Agosto	0	0	0	13	30	46	5
Setembro	0	3	5	8	61	26	6
Outubro	0	2	14	10	9	35	13
Novembro	1	0	0	32	31	9	20
Dezembro	0	0	0	25	37	10	6

Fonte: Elaborado pela própria autora, 2017.

APÊNDICE C – CARTAS FEMININAS

Quadro 3 – Número provisório do quantitativo de cartas oriundas dos presídios femininos recebidas pelo Instituto Nelson Mandela por presídio feminino no período de 2010 a 2016

Cárcere feminino do estado do Rio de Janeiro	Número de cartas oriundas do cárcere feminino
Presídio Feminino Nelson Hungria	719
Penitenciária Talavera Bruce	312
Instituto Penal Oscar Stevenson	119
Cadeia Pública Joaquim Ferreira	74
Presídio Evaristo de Moraes	10
Presídio Nilza da Silva Santos	2

Fonte: Elaborado pela própria autora, 2017.

FONTES Warnock Pro e Proxima Nova
PAPEL offset 75g/m²
IMPRESSÃO Gráfica Assahí, julho de 2025
1ª edição